北京旧城历史文化保护区市政基础设施规划研究

北京旧城历史文化保护区市政基础设施规划研究课题组　编著

中国建筑工业出版社

图书在版编目(CIP)数据

北京旧城历史文化保护区市政基础设施规划研究/北京旧城历史文化保护区市政基础设施规划研究课题组编著. —北京：中国建筑工业出版社，2006

ISBN 7-112-08016-9

Ⅰ. 北… Ⅱ. 北… Ⅲ. 基础设施—市政工程—城市规划—研究报告—北京市 Ⅳ. TU984.21

中国版本图书馆 CIP 数据核字(2006)第 005626 号

责任编辑：胡明安 姚荣华
责任设计：赵 力
责任校对：张树梅 王金珠

北京旧城历史文化保护区
市政基础设施规划研究

北京旧城历史文化保护区市政基础设施规划研究课题组 编著

*

中国建筑工业出版社出版、发行(北京西郊百万庄)
新 华 书 店 经 销
北京天成排版公司制版
世界知识印刷厂印刷

*

开本：880×1230 毫米 1/16 印张：6½ 插页：12 字数：286 千字
2006 年 4 月第一版 2006 年 4 月第一次印刷
印数：1—3000 册 定价：**60.00** 元
ISBN 7-112-08016-9
(13969)

本社网址：http: //www. cabp. com. cn
网上书店：http: //www. china-building. com. cn

北京旧城历史文化保护区
市政基础设施规划研究课题组

项目组织单位：北京市规划委员会

项目承担单位：北京市城市规划设计研究院

项目参加单位及人员：

北京市规划委员会：邢玉海　周楠森　王建苗　刘荣华　漆　凯

北京市城市规划设计研究院：唐炳华　张晓昕　陈景丽　仝德良　苏云龙

高建珂　朱　莉　周　蓉　陈蓬勃

北京市自来水集团公司：王　桂　郭正丽　王艳红　王耀文　曹　澈

段志强　范丽明

北京市热力集团公司：李大维　赵　峰　李　宁　孟　辉

北京市市政设计研究总院：穆祥纯　张玉庭　李　浩　冯运铃

北京市市政管理委员会：马康丁

北京市城建设计研究院：董更然　史铁柱　席　红　肖传德　肖　燃

北京市市政工程管理处：曹洪林　方　娟

北京市通信管理局：吴京胜

北京市通信公司：孙启明　张　瑞

北京市供电公司：孙永鑫　王怡平　卢立军　张伍勋

北京市燃气集团公司：刘　燕　杨永惠　徐　静　刘万波

北京市歌华有线公司：和庆堂　孟宇明　刘建秋　孙红霞

北京市公安消防局：李　涛

北京市路灯管理处：于景萍

序

历史街区保护的概念是 20 世纪 60 年代形成的。第二次世界大战后，欧洲的经济恢复发展，城市中开始了大规模的住宅建设，当时普遍的做法是拆掉老城区，盖起新楼房。但是这样做的结果是改善了建筑，却破坏了历史环境。城镇历史联系被割断，特色在消失。人们开始意识到，除了保护文物建筑之外，还应保存一些成片的历史街区，保存历史的记忆，保存城镇历史的连续性。

最早立法保护的是法国，1962 年颁布了《马尔罗法》。该法规定将有价值的历史街区划定为“历史保护区”，制定保护和继续使用的规划，纳入城市规划的管理。保护区内的建筑物不得任意拆除，符合要求的修整可以得到国家的资助，并享受若干减免税的优惠。

现在全法国有国家级的保护区 92 处，地方各级保护区几百处。由于这里保护的对象是一片有生命的、正在使用的街区，所以它的保护政策和保护文物有很大区别。以里昂的保护区为例，1964 年被定为国家级的“历史保护区”，区内有 16 世纪到 19 世纪各时期的许多古老建筑和街巷。政府的工作主要是整修住房和改善交通，对二十世纪初建造的工人住宅，要求原样整修保存其外表，但内部加建厨房、卫生间，改善条件使居民可以继续居住。

在日本，1975 年修订《文化财产保存法》增加了保护“传统建筑群”的内容。法律规定将“传统建筑集中、与周围环境一体形成了历史风貌的地区”划定为“传统建筑群保护地区”。对这类地区要制定保护整修的计划，对“传统建筑”进行原样修整，对非“传统建筑”要进行改建或装饰，对有些严重影响风貌的要改造或拆除重建。规划要提出改善基础设施、治理环境的措施，并做出有关消防安全、旅游展示、交通停车等方面的规划。

为总结国际保护历史街区的经验，推动这项工作的广泛开展，1987 年“国际古迹遗址理事会”通过了《华盛顿宪章》。《宪章》提出历史街区的保护内容是：保护地段和街道的格局和空间形式，保护建筑物和绿化、旷地的空间关系，保护地段与周围环境的关系，此外，还特别要求保持该地段历史上的功能和作用。

关于历史街区保护的原则和方法，《宪章》写道：保护工作必须是城镇经济社会发展政策和各层次计划的组成部分，要鼓励居民积极参与，要制定专门的保护规划，要用法律、行政、经济等多种手段保证规划的实施。《宪章》还特别提到，要精心建筑和改善地段内的基础设施，改善居民住房条件，适应现代化生活的需要，要控制汽车交通，在城市规划中拓宽汽车干道时，不得穿越历史地段。

我国正式提出历史街区的保护是在 1986 年，反映在国务院公布第二批国家历史文化名城的文件中，文件指出：“对文物古迹比较集中，或能完整地体现出某一历史时期传统风貌和民族地方特色的街区、建筑群、小镇村落等也应予以保护，可根据它们的历史、科学、艺术价值、公布为地方各级历史文化保护区”。这是保护历史遗产的重要举措，从此形成了保护文物古迹、保护历史文化街区、保护历史文化名城的分层次的保护体系，这个体系的意义不只在于它指出各层次性质上的差别，更在于指明了要采取适合各自特点的不同的保护方法。

建设部的文件提出了历史文化保护区的具体条件：第一，有真实的历史遗存物，反映历史风貌的建筑、街道等是历史原物，不是仿古假造的。整个地区内会有一些后代改动的建筑存在，但应只占一小部分且风格上基本统一。第二，有较完整的历史风貌，能够反映城市历史上的典型特色。第三，有一定的规模，视野所及风貌基本一致，没有严重的视觉干扰，能够造成一种环境，使人从中感受到历史的气氛。

历史文化街区的保护原则是：

第一要保护历史的真实性，要尽量多地保存真正的历史遗物，对历史建筑进行抢救、维护、修整，常见的仿古一条街不是保护的手段。

第二要保持风貌的完整性，不但要保护历史建筑，还要保存构成整体风貌的所有要素，包括道路、街巷、院墙、小桥、溪流、驳岸、古树等。

第三要维护生活的延续性，这里的居民要继续按自己的意愿生产、生活，要维持原有社会功能，促进地区经济活力。不主张将原有居民大量外迁，成为专供参观的旅游景点。2005 年公布的《历史文化名城保护规划规范》中就特别规定了“历史文化街区保护规划应包括改善居民生活环境、保持街区活力的内容。”

为此，保护历史街区应该有特殊的办法：一是保护外貌、整修内部，历史街区的历史建筑不必像文物那样一切维持原状，可以进行室内的更新改造，适应现代生活的需要。对传统建筑进行外部维修整饰，对有悖于历史风貌的新建建筑可以适当改造，恢复历史原来的风格。二是积极改善城市基础设施，提高居民生活质量。这个问题不解决，居民就很难在这里继续生活，不但影响到保护的积极性，而且势必导致街区的进一步损坏。三是采取政府主导，居民参与，逐步整治，渐进改善的方法，由开发商成片拆除改造的做法肯定达不到好效果。应该是政府花钱改造外部的基础设施，住户自己掏钱修缮改造内部、群策群力，持之以恒，这才是解决问题的办法。

保护历史文化街区与保护文物古迹的最大不同是这里要有人继续生活，所以改善这里的环境质量、改善城市基础设施就成为保护城镇的关键。但是，在这种特殊的地区，这项工作却有着明显的困难，如街道窄狭、建筑密集、耐火等级低等，而且我们的目标不是单单改善市政设施，还要同时保存历史的风貌，所以必须要有创新的思维，特殊的方法，研究变通的措施。

国外的许多地方在历史街区的保护整治中，对市政设施的建设都是采取特殊方式处理。如日本在确定了“传统建筑群保护地区”后，在制定地区的《保护管理条例》中就可以对国家的《建筑基准法》(有关建筑的设计规范）提出修正条款，指出某些地方可以从宽或变通。以色列用了七年的时间完成了耶路撒冷老城的市政设施建设，为了在古城狭窄的空间内建设市政设施成为可能，就允许若干项目不符合设计规范而采取特殊处理，当然这些出于保护历史风貌的变通是必须保证安全的。

在我国，自“九五”期间起，国家设立了保护历史文化名城的专项资金，专项用于国家历史文化名城中重点历史街区的保护、维修和整治，一大批历史文化街区在保护维修历史建筑的同时也完成了市政设施改造建设工作，创造了许多既满足安全使用又不损害历史风貌的好经验。

北京市自1990年代初步确立了25片历史文化保护区名单，到2002年2月市政府批准了历史文化保护区的保护规划，使这些地区历史建筑的保护和市政设施的改善提到了实施的日程。为此，北京市城市规划设计研究院、北京市规划委员会等单位针对这些历史文化保护区保护整治的实际需要开始了《北京旧城历史文化保护区市政基础设施规划研究》的工作。这是我国首次针对历史文化保护区中市政基础设施的规划设计做全面系统的研究，课题承担者作了大量调查研究，对我国现有有关规范作了充分的分析，在总结吸取国内外的已有经验的基础上，从多方位着手，引进新技术，运用新材料，作非标准设计，提出了在历史文化保护区的特殊条件下系统地解决市政设施问题措施和方法。这项研究为北京市历史文化保护区的市政基础设施建设提供了技术支撑，对全国的历史文化保护区的保护实施也具有重要的借鉴意义。

现在这项研究成果付印成书，共享于全国广大的技术人员和管理工作者，课题负责人唐炳华及张晓昕先生嘱我作序，市政设计本非我的专业，不敢造次。然此书的出版确可视为历史文化遗产保护的又一佳音，故有感而发讲了上面的一些话，言不及意，姑妄代之，爰以为序。

王景慧

2006年3月15日

前 言

1. 研究背景

北京是我国首都，也是世界著名的文化古都，在建设国际化大都市的过程中，城市建设与历史文化名城、历史文化保护区保护的矛盾日益尖锐。为了更好地保护北京历史文化名城及各片历史文化保护区，北京市政府于2002年正式批准《北京旧城25片历史文化保护区保护规划》和《北京历史文化名城保护规划》，要求对北京历史文化名城、历史文化保护区的历史文化、传统风貌、民族地方特色进行保护，并且要改善、提高保护区内生活、环境质量及市政基础设施的现代化水平。

2. 工作保证和工作过程

为了落实北京市政府的批示，改善和提高历史文化保护区内市政基础设施条件，由北京市规划委员会组织，北京市城市规划设计研究院承担，北京市市政管理委员会、北京市市政工程管理处、北京市市政工程研究总院、北京市自来水集团、北京市燃气集团、北京市热力集团、北京市供电公司、北京市路灯管理处、北京市通信管理局、北京市通信公司、北京市歌华有线公司、北京市城建设计院、北京市公安消防管理局等相关市政专业设计、管理部门参加，成立北京旧城历史文化保护区市政基础设施规划研究课题组，展开本次研究工作。

本次研究工作分为5个阶段：2003年2月～2003年4月，完成课题准备及工作大纲，召开工作大纲专家论证会；2003年5月～2003年10月，完成分报告和专题研究；2003年11月～2004年2月，完成总报告；2004年3月召开专家评审会；2004年4月～2004年7月，补充调研，修改完成全部成果。

3. 课题成果

本次研究提交的成果包括1个总报告、2个分报告、4个专题报告。

(1) **总报告：**北京旧城历史文化保护区市政基础设施规划研究

项目负责单位：北京市城市规划设计研究院

项目负责人及主要执笔人：唐炳华、张晓昕、陈景丽

主要内容：除论述课题背景、研究思路、专题设置外，重点概括总结历史文化保护区市政设施存在的问题及改善的必要性，提出规划目标及规划原则，确定市政设施规划方案以及相应技术措施，并对市政设施规划对用地规划的要求、实施方式做了延伸研究。

(2) 分报告一：北京旧城历史文化保护区外部市政基础设施规划方案研究

项目负责单位：北京市城市规划设计研究院

专业负责单位：北京市市政工程管理处

北京市市政管理委员会

北京市自来水集团公司

北京市供电公司

北京市路灯管理处

北京市燃气集团公司

北京市热力集团公司

北京市通信管理局

北京市通信公司

北京市歌华有线公司

北京市公安消防局

项目负责人及主要执笔人：张晓昕、高建珂、仝德良、周蓉、朱莉

主要内容：调查分析北京旧城历史文化保护区市政基础设施现状情况及存在问题，提出规划原则和目标，确定历史文化保护区外部市政规划方案。

(3) 分报告二：北京旧城历史文化保护区市政工程综合和技术标准研究

项目负责单位：北京市城市规划设计研究院

专业负责单位：北京市市政设计研究总院

北京市市政工程管理处

北京市自来水集团公司

北京市供电公司

北京市路灯管理处

北京市燃气集团公司

北京市热力集团公司

北京市通信管理局

北京市通信公司

北京市歌华有线公司

北京市公安消防局

北京市城建设计院

项目负责人及主要执笔人：陈景丽、苏云龙、陈蓬勃

主要内容：研究和分析窄小胡同市政管线布置方案，参照国家规范，协调专业设计、管理部门，通过采取各种技术、管理措施，提出4～10m不同宽度胡同市政管线规划标准横断面图，将市政基础设施引入历史文化保护区内。

（4）专题报告一：北京旧城历史文化保护区分区市政规划方案

项目负责单位：北京市城市规划设计研究院

专业负责单位：北京市市政工程管理处
北京市市政管理委员会
北京市自来水集团公司
北京市供电公司
北京市路灯管理处
北京市燃气集团公司
北京市热力集团公司
北京市通信管理局
北京市通信公司
北京市歌华有线公司
北京市公安消防局

项目负责人及主要执笔人：朱莉、周蓉

主要内容：针对北京旧城30片历史文化保护区，提出每一片的市政规划方案，确定市政设施系统，包括来源、出路以及设施站点。

（5）专题报告二：北京旧城历史文化保护区清洁能源供热规划研究

项目负责单位：北京市城市规划设计研究院

专业负责单位：北京市燃气集团、北京市供电局、北京市热力集团

项目负责人及主要执笔人：高建珂、仝德良

主要内容：调查分析目前国内外现有清洁能源采暖方式及发展趋势，考虑技术可行性和经济可行性的因素，比较各个方式的优缺点，结合北京历史文化保护区供电、燃气、供热规划，研究确定保护区采暖区划。

（6）专题报告三：关于南池子历史文化保护区危改工程市政基础设施设计研究

项目负责单位：北京市市政工程设计研究总院

项目负责人及主要执笔人：穆祥纯、张玉庭、李浩、冯运铃

主要内容：结合南池子历史文化保护区改造试点，制定市政基础设施规划方案，

指导市政设施改善工程。

（7）专题报告四：综合管廊在历史文化保护区的应用

项目负责单位：北京城建设计院

项目负责人及主要执笔人：董更然、史铁柱、席红、肖传德、肖燃

主要内容：调查分析目前国内外综合管廊应用情况及发展趋势，考虑技术可行性和经济可行性的因素，结合北京历史文化保护区特点，研究确定适应与历史保护区内的综合管廊方案。

4. 课题特点

本次研究具有以下 3 方面特点：

（1）观念创新

解决历史文化保护区市政问题，既要满足《城市工程管线综合规划规范》，又不能全部照搬规范，那样现有狭窄胡同就会不复存在，保护风貌就无从谈起。本次研究首先是观念创新。在保护历史风貌的前提下，根据胡同的具体条件，对市政基础设施设法进行综合安排，使其满足国家规范，满足不了的，要采取规划措施和技术措施。这样，既达到保护的目的，又解决了市政问题。

（2）研究领域创新

本研究针对历史文化保护区空间狭窄的特点，在《城市工程管线综合规划规范》基础上，研究如何合理安排、布置各种市政管线，并采用新技术、新材料、新工艺等措施以保障城市安全、管理等要求，从而解决历史文化保护区市政基础设施现代化问题。

（3）技术创新

本研究通过采用非标准设计检查井、特殊管材、小型热力站、新型化粪池、小型闸阀、煤气调压设施以及小型消防车等措施减小管线之间及与建筑物之间的水平间距，从而使市政管线能够在满足管理、城市安全条件下引入到区内，全面、综合地采用这些技术手段是目前国内尚未有过的。

5. 实施效果

目前本研究成果中的规划原则、规划方案和技术措施等主要内容已经纳入《北京城市总体规划(2004～2020 年)》中，为落实《北京旧城 25 片历史文化保护区保护规划》和《北京历史文化名城保护规划》创造了良好的条件，为正在编制的《北京旧城规划》提供了坚实的基础。

同时本研究成果已经在北京宛平城历史文化保护区保护规划、三家店历史文化保护区保护规划、南锣鼓巷(炒豆胡同)历史文化保护区市政规划中得以应用，为实现历史文化保护区市政基础设施现代化创造了良好的条件。

国务院对《北京城市总体规划(2004～2020年)》批复第十一条中提出“加强旧城整体保护、历史文化街区保护、文物保护单位和优秀近现代建筑的保护。积极探索适合保护要求的市政基础设施和危旧房改造的模式，改善中心城危旧房地区的市政基础设施条件……”。本研究针对适合保护区要求的市政基础设施改造的模式以及相关的规划原则、规划方案和技术措施做了大量的研究工作，为进一步贯彻国务院批复的精神、改善中心城危旧房地区的市政基础设施条件奠定了基础。

目　录

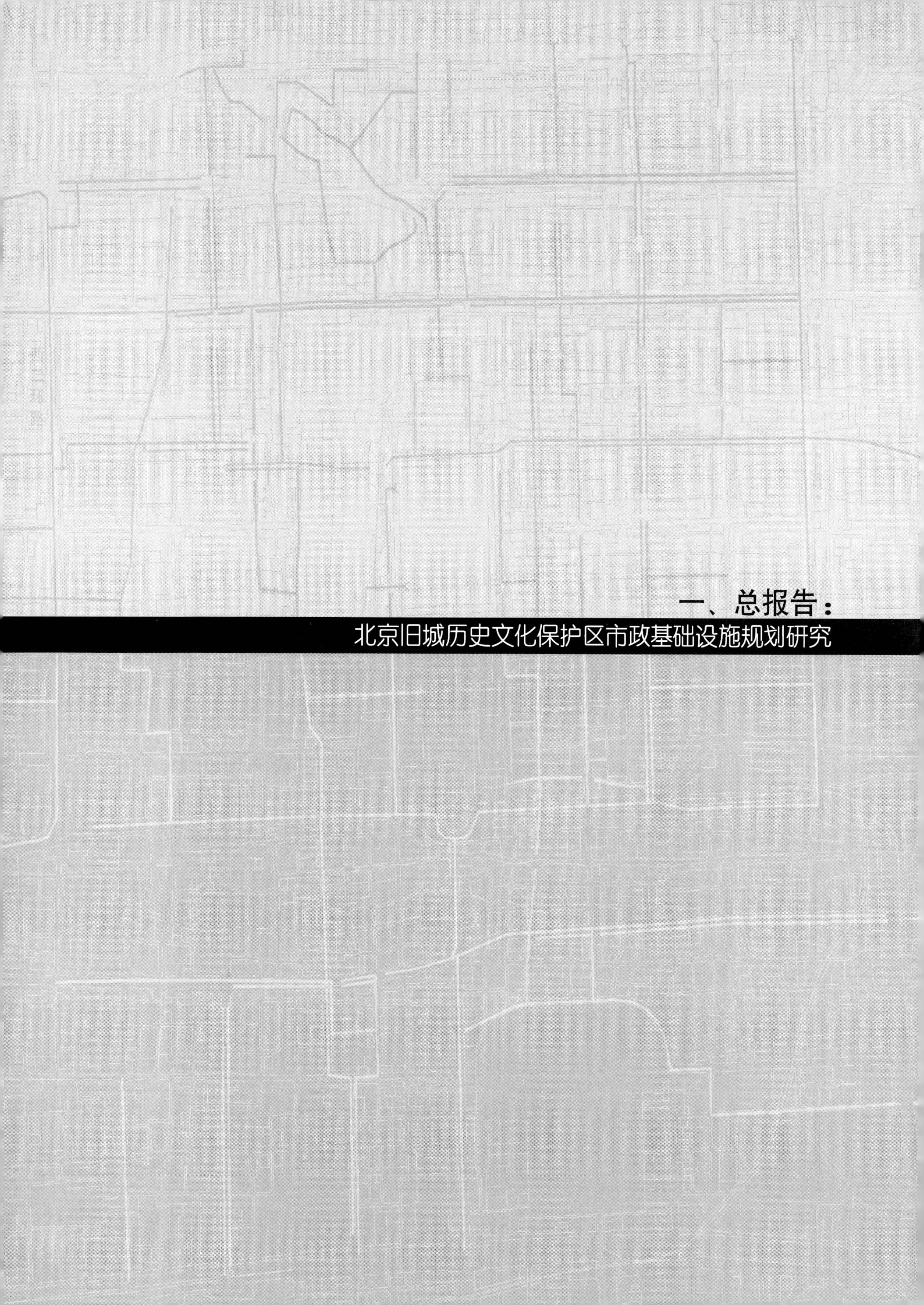

一、总报告：北京旧城历史文化保护区市政基础设施规划研究

(一) 前言

市政府于2002年10月正式批准了《北京历史文化名城保护规划》，如图1.1，该规划在旧城区列出了30片历史文化保护区(第一批25片，第二批5片，共30片)作为历史文化名城重要组成部分，要求必须对其历史文化、传统风貌、民族地方特色进行保护，并且要改善、提高保护区内生活、环境质量及市政基础设施的现代化水平。此后，市规划委就着手开展了历史文化保护区城市基础设施现代化规划研究的前期工作。

本次研究工作由市规划委组织18个单位，包括市规划院、市政管委、市政管理处、市政院、市自来水集团、燃气集团、热力集团、供电公司、路灯管理处、通信管理局、通信公司、歌华有线、城建设计院、公安消防管理局等有关部门，自2003年2月9日起，历经一年多的共同努力工作，最终编制完成。

本次研究内容主要包括：依据经市政府批准的《北京历史文化名城保护规划》和《北京旧城25年历史文化保护区保护规划》，提出为历史文化保护区需要建设的市政基础设施场、站、点的规模和布局，以及相应的市政管线；研究适用于历史文化保护区的清洁能源采暖方式，划定电采暖、燃气采暖、城市热力采暖以及其他方式采暖的区域；研究适用于历史文化保护区的排水体制，分析合流制对城市排水管网和污水处理设施的影响，划定合流制和分流制区域；研究确定电话、有线电视、宽带三网入户的方案；研究确定历史文化保护区完善的消防体系；研究适用于历史文化保护区内的市政管线布置方式，以及不能满足国家规范时需要采取的技术措施和非标准设计；研究适用于历史文化保护区的各种小型化的市政专业设施和设备；研究综合管沟的特点以及在历史文化保护区应用的可行性。

图1.1 旧城内第一批、第二批历史文化保护区分布图

(二) 研究工作依据

1. 已批准相关规划

- 《北京城市总体规划》，国务院1993年正式批准；
- 《北京旧城25片历史文化保护区保护规划》，市政府2002年2月正式批准；
- 《北京历史文化名城保护规划》，市政府2002年10月正式批准。

2. 相关市政专业的技术标准及规范

- 《城市工程管线综合规划规范》(GB 50289—98)；
- 《城市给水工程规划规范》(GB 50282—98)；
- 《城市排水工程规划规范》(GB 50318—2000)；
- 《城市电力规划规范》(GB 50293—1999)；

- 相关市政专业技术标准及设计规范。

(三) 北京旧城30片历史文化保护区概况

北京第一批、第二批历史文化保护区总共有40片。其中，旧城内30片历史文化保护区总占地面积约1278hm^2，占旧城总面积的21%。旧城第一批、第二批历史文化保护区和文物保护单位保护范围和其建设控制地带的总面积为2617hm^2，约占旧城总面积的42%。

北京旧城30片历史文化保护区的胡同总长度145km，其中3～7m宽的胡同占63%。统计情况如表1.1所示。

北京旧城30片历史文化保护区不同宽度胡同长度统计表　　表1.1

胡同宽度(m)	长度(m)	所占比例
<3	20665	14%
3～5	50344	34%
5～7	38648	27%
7～9	23003	16%
>9	12966	9%
合　计	145626	100%

1. 皇城

旧城30片历史文化保护区中将皇城作为一个历史文化保护区进行整体保护，其中包括第一批历史文化保护区的南北长街、南北池子、景山八片等14片历史文化保护区。保护范围东起南北河沿大街，北至平安大街，西至西黄城根南北街、灵境胡同和府右街，南到长安街，面积约683hm^2。皇城保护区位于北京旧城核心部位，是以故宫宫殿建筑群、景山、三海等皇家御苑为中心，文物古迹、传统民居和街巷分布广泛，突出体现封建国都艺术成就，具有丰富历史文化内涵和浓郁古都风貌的重要区域。区内共有各级文物70项，其重要性在全市文物规模等级中列为首位。其概貌如图1.2～图1.4所示。

图1.2　故宫照片1

图1.3　故宫照片2

图1.4　故宫角楼

图 1.5　历史文化保护区内传统四合院民居

图 1.6　阜成门内大街白塔寺山门

图 1.7　国子监地区

图 1.8　什刹海风光

2. 旧皇城以外内城里的 10 片历史文化保护区

有 10 片历史文化保护区分布在旧皇城以外的内城，即：西四北头条至八条、东四三条至八条、南锣鼓巷和北锣鼓巷地区建于元代，是胡同系统保留最完整的传统居住区；什刹海地区是融水面风光、王府、寺庙与民俗文化于一体的地区；国子监地区是以重要文物和寺庙建筑为中心，以传统四合院为衬托的街区；阜成门内大街一直为重要的交通干道，沿街寺庙众多；东交民巷是 1900 年以后西方列强的使馆区；张自忠路北地区具有很高的历史文化价值和保护价值，是综合了文物建筑、名人故居以及传统民居等的综合性的历史文化保护区，例如段祺瑞执政府旧址；张自忠路南区域内胡同格局完整，胡同内多绿化，风貌保存完好，其中还有众多保存完好、价值较高的四合院。其概貌如图 1.5～图 1.8 所示。

3. 外城的 5 片历史文化保护区

有 5 片历史文化保护区分布在外城，大栅栏、鲜鱼口地区是北京著名的传统商业街区，鲜鱼口街东的草厂三条至九条有北京旧城中密集的南北走向胡同，是传统居住区；东琉璃厂、西琉璃厂是传统商业文化街；法源寺地区民居整体风貌保存较为完好，在一定程度上代表了老北京南城的居住空间形态和社会文化背景。其概貌如图 1.9～图 1.11 所示。

(四) 历史文化保护区市政基础设施现状及存在问题

1. 现状情况

目前，北京旧城 30 片历史文化保护区内的大部分主要在胡同内，都敷设有雨污水合流管道、给水管道、电力架空线、电信管道、有线电视网络架空线等，个别较宽的胡同中还有天然气管道或城市热力管道。但在数量占多数的3～5m的窄小胡同中，则只有上述管线中的一部分，有的小胡同中甚至没有市政管线。

30片历史文化保护区院落内多为公共水龙头，没有水表到户；排水管道大多为合流制管道；大多数住户家中没有单独厕所，只能依靠区域的公共厕所；日常炊事多为煤气罐和小煤炉，冬季取暖多采用小煤炉或电热器；电力线路多为架空线。其现状如图1.12～图1.14所示。

图1.9　大栅栏商业街

图1.10　法源寺全貌

图1.11　琉璃厂西街

图1.12　保护区内现状胡同

图1.13　保护区内现状架空线

图1.14　保护区内现状水龙头

2. 存在问题

目前，历史文化保护区胡同内的市政基础设施存在很多问题，与北京市整体发展的要求差距较大，主要存在的问题有：

(1) 不能满足历史文化保护区内居民的日常生活需要。一个院落只能共用一个水龙头，居民家中没有卫生间，只能依靠公共厕所，炊事依靠煤气罐，取暖依靠小煤炉，这些状况对于老百姓是非常不方便的，也是与北京市整体发展水平不相称的。

(2) 不能满足环境保护的要求。现状雨污水合流管道和小煤火炉燃煤采暖对北京旧城的河湖水体和大气环境造成了污染，不能满足北京市目前环境保护的要求，与北京市制定的绿色奥运的目标是不一致的。

(3) 不能满足历史文化保护区防灾和市政基础设施维护管理的需要。现有的房屋毗连，布局不合理，逃生通道窄小；现有的胡同窄，曲曲折折，消防车无法进入；现有市政管线的布置只能因陋就简，间距不能满足国家规范；这些都不能满足历史文化保护区防灾和市政基础设施维护管理的需要。

(五) 历史文化保护区市政基础设施规划目标和基本思路

本次研究工作是《北京历史文化名城保护规划》和《北京旧城25片历史文化保护区保护规划》的延续。

研究目标是：在保护历史文化区的整体风貌、保存历史遗存和原貌的条件下，将市政基础设施引入保护区内，提高老百姓生活质量，改善居住环境。

基本思路是：保护历史文化传统风貌，深入调查现状，把现代城市基础设施引入区内，要满足国家规范要求、行业管理要求和安全要求，不能满足国家规范则通过采用新技术、新材料、新工艺以及非标准图设计的方法进行处理，达到行业管理要求和安全要求。

(六) 历史文化保护区市政基础设施规划原则

1. 市政管线布置

目前，国内外市政管线布置主要是常规地下铺设，国内主要是沿用原苏联模式的常规地下铺设。近些年在德、英、日、俄、欧美等国家以及国内也有应用综合管廊的。现就该两种方式分别介绍。

(1) 常规地下铺设

目前国内市政管线布置主要是常规地下铺设，执行《城市工程管线综合规划规范》(GB 50289—98)。在国内一些城市历史文化保护区内，在铺设市政管线时也普遍采取常规地下铺设的方式，例如苏州的平江历史街区、东麒麟巷、山塘街保护区等。如图1.15、图1.16所示。

针对历史文化保护区内的市政管线布

图1.15 苏州山塘街改造一期工程

图1.16 苏州山塘街二期市政改造过程中

置，考虑到区内胡同宽度较窄，如果完全按照规范要求，胡同内能够安排下的管线种类及数量较少，不能满足居民的需求。因此，经国内调研后并参考其他城市的做法和思路，本次研究按照居民最基本生活要求的顺序，按不同宽度胡同断面，制定出一系列不同宽度的胡同市政管线布置的横断面方案。如图 1.17～图 1.22 所示。街道胡同宽 10m 及 10m 以上的 7 种管线（雨、污、气、水、路灯、电信、电力）一次埋设到位，胡同宽 5～7m，优先安排供水、污水、雨水、燃气、供电、电信管线。胡同宽 3～4m，优先布置给水、污水管线。胡同宽 2m 及 2m 以下的仅布置给水管线。该方案力争满足国家规范，不能满足规范的，通过采取特殊措施满足行业管理和安全的要求。

（2）综合管廊

综合管廊是一种新型的市政管线敷设模式，它是将管线综合地置于其中的构筑物内，省去管线自身独立的构筑物和土方开挖，使地下开发与市政管线互相依托、综合利用。该模式最早出现于法国，在德国、英国、原苏联、欧美等其他国家也相继得以应用。前苏联称之为总管道，日本称之为共同沟。日本横滨综合管廊如图 1.23、图 1.24 所示。

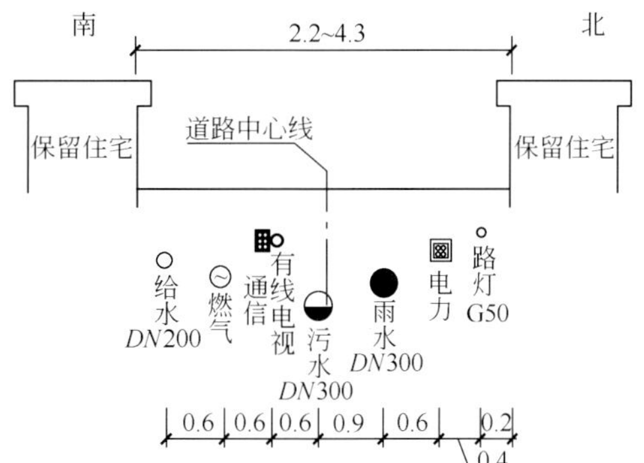

图 1.17　平江历史街区市政管线横断面图

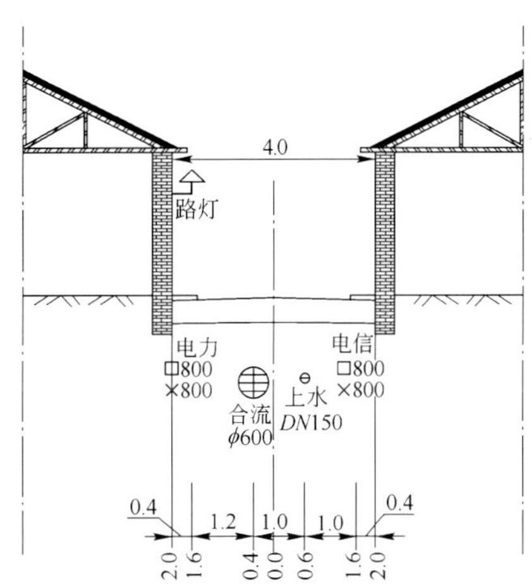

图 1.18　4m 宽胡同市政管线横断面布置图

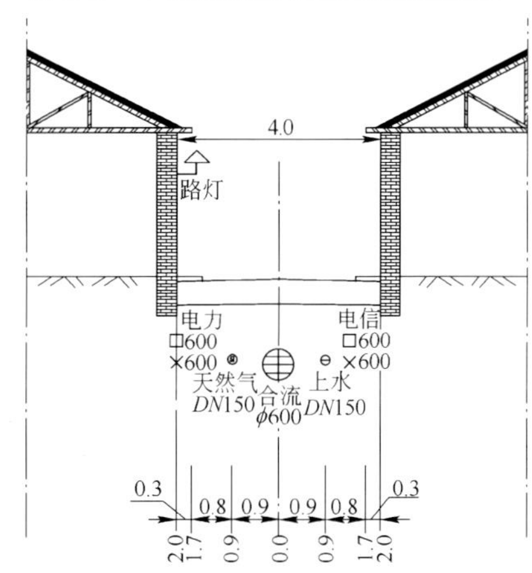

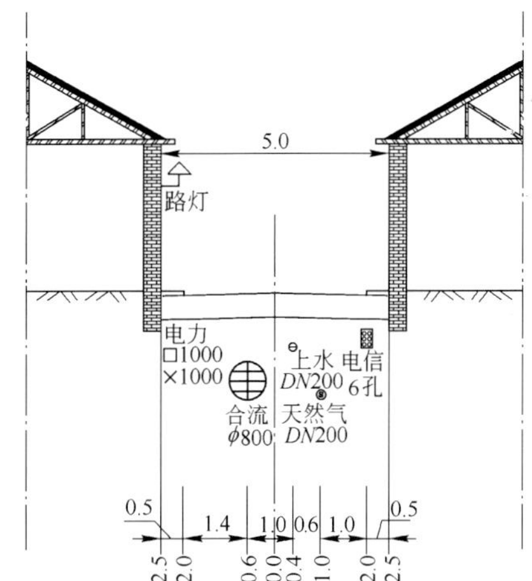

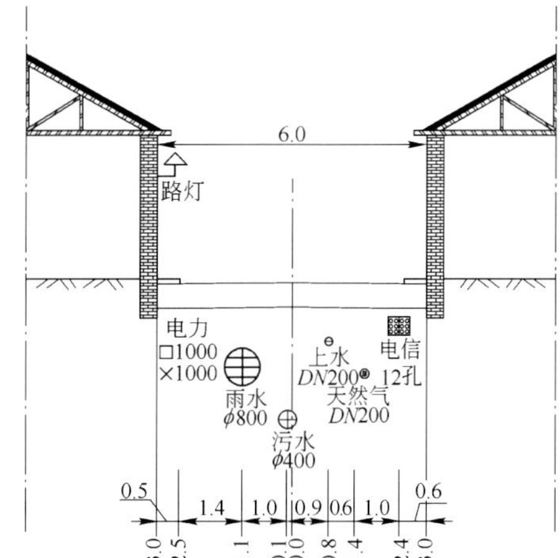

图 1.19　5～6m 宽胡同市政管线横断面布置图

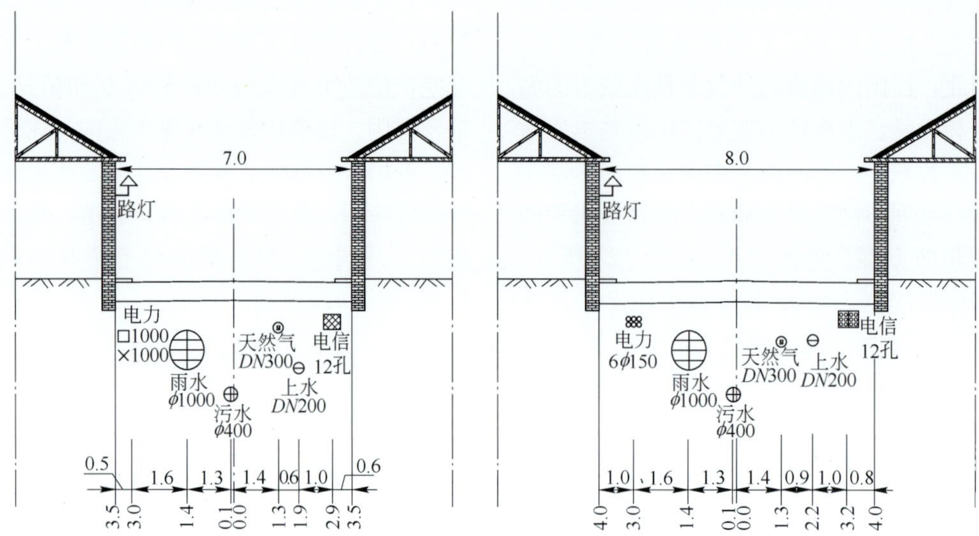

图 1.20　7~8m 宽胡同市政管线横断面布置图

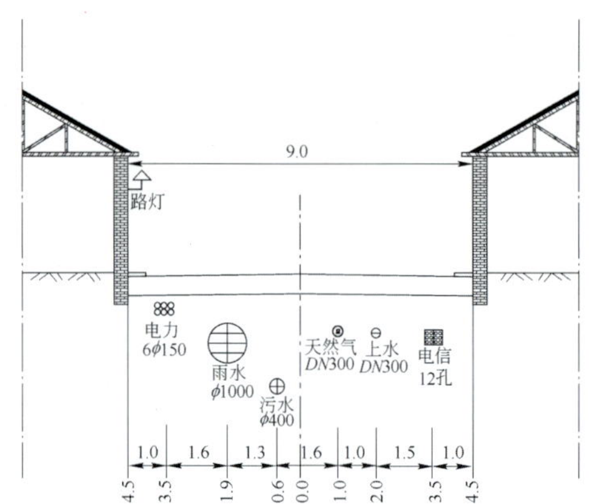

图 1.21　9m 宽胡同市政管线横断面布置图

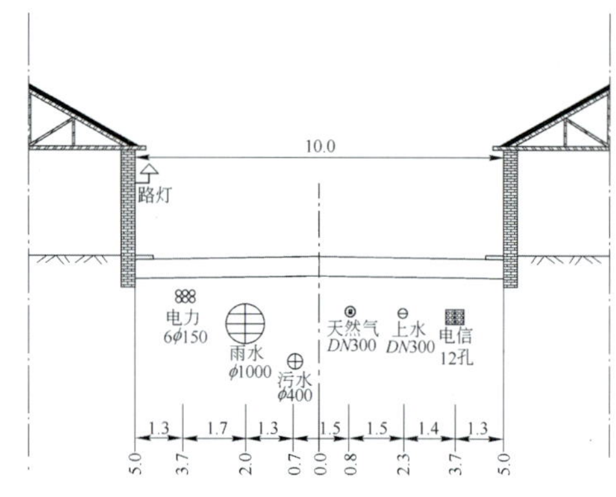

图 1.22　10m 宽胡同市政管线横断面布置图

图 1.23　日本横滨综合管廊外部

图 1.24　日本横滨综合管廊内部

目前在国内绍兴的历史文化保护区中也采用了一些简单的共同沟的形式，例如仓桥直街历史街区、西小路历史街区等。如图 1.25、图 1.26 所示。

综合管廊可以有效集约化地利用城市道路下的空间资源，为城市发展预留宝贵的地下空间，在有限的空间内可以布置多种管线，避免反复开挖路面，提高市政管理水平，有广阔的发展前景。

由于历史文化保护区引入市政基础设施的前提是不能破坏历史风貌和胡同格局，而综合管廊施工时开挖土方量大，对两侧房屋影响较大，因此需要进一步研究在保护区内实施综合管廊的技术可行性；此外，综合管廊的综合造价高于直埋管线的造价，综合管廊在运行中还需要有专门的管理机构，需要一定的运行管理费，因此需要进一步研究在保护区内实施综合管廊的经济可行性和可操作性。其综合管廊横断面如图 1.27、图 1.28 所示。

图 1.25　绍兴西小路历史街区

图 1.26　绍兴仓桥直街历史街区

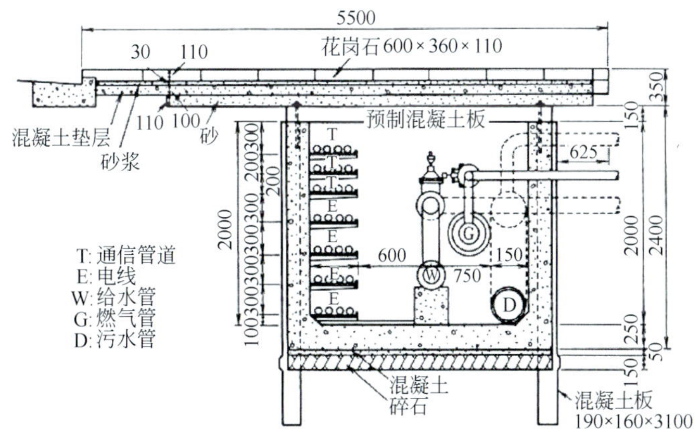

图 1.27　保护区内综合管廊横断面图 1

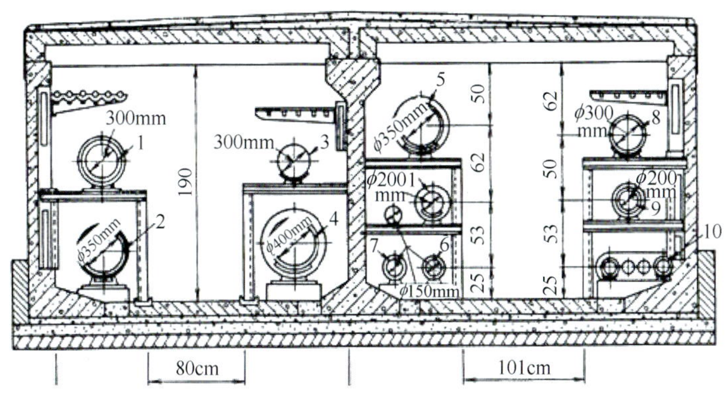

图 1.28　保护区内综合管廊横断面图 2

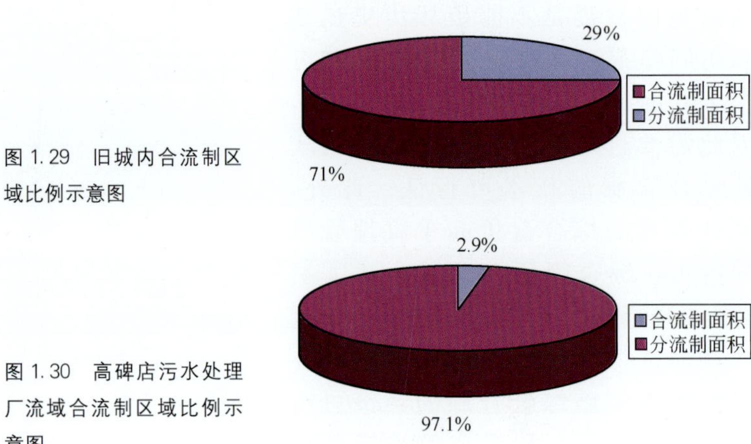

图 1.29　旧城内合流制区域比例示意图

图 1.30　高碑店污水处理厂流域合流制区域比例示意图

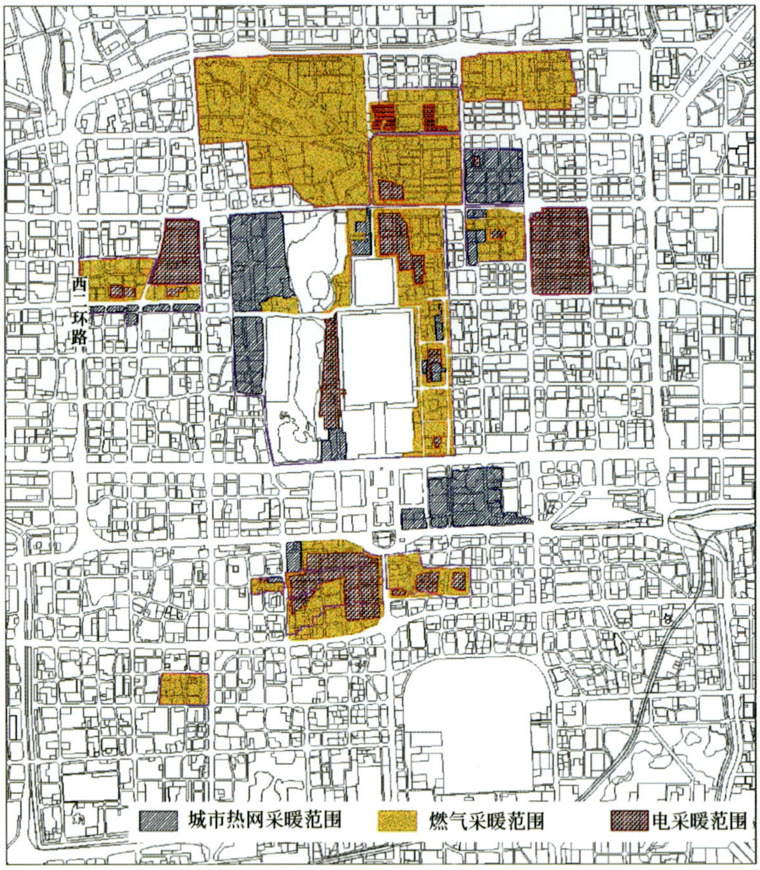

图 1.31　历史文化保护区采暖分区规划图

2. 排水体制

北京旧城 30 片历史文化保护区都分布在二环以内的旧城，其总占地面积为 1287hm²，占规划市区面积的 1%，占高碑店污水处理厂流域面积的 10%。根据本次研究提出的市政管线布置原则，胡同宽度大于等于 6m 可以安排雨污分流的管道，胡同宽度小于 6m 只能采用合流管道，经研究确定 30 片历史文化保护区内有 327hm² 用地应采用合流制管道排水，占 30 片历史文化保护区用地面积的 29%，占高碑店污水处理厂流域面积的 2.9%。如图 1.29、图 1.30 所示。由此可见，在 30 片历史文化保护区内局部地区采用合流制排水对北京市区、高碑店污水处理厂流域的影响是非常小的。因此建议在历史文化保护区内采用分流制和合流制并存的排水体制。同时要加强污水截流设施和化粪池的实施工作，以保证城市河湖水体的环境质量。

3. 采暖区划

为解决历史文化保护区内采暖用能问题，按照经济性、胡同条件、现状城市热力供热范围以及天然气、电网条件的原则，确定天然气、电力以及城市热力在历史文化保护区中的供热范围。其分区规划如图 1.31 所示。

4. 其他市政专业

- 供水：满足居民日常生活用水，同时满足消防要求。
- 排水：完善排水设施和污水截流设施，保留化粪池。
- 供电：充分利用现有电力市政设施，有效地在规划保留的胡同内布置供电电路，供电设施采用新材料、新技术。路灯形式应多样化，与保护区风貌相协调。
- 城市热力：胡同宽度满足管线铺设条件下，按整体考虑城市热力供热，结合四合院布局安排换热站。
- 通信：保护区内宽于 10m 的胡同安排 12 孔通信管道；10m 宽以下的胡同安排 6 孔通信管道；保护区内所建弱电设备间及管道为通信公司与歌华有线联合建设，共同使用。
- 消防：提高建筑的耐火等级，合理设置室外消火栓和消防车通道，加强消防队站和小型化消防装备建设。
- 环卫：公共厕所尽量布置在胡同

两端，建立垃圾分类收集、转运系统，厨余垃圾就地处理回用。

- 中水：历史文化保护区内不安排中水管线，周边城市道路下可考虑安排中水管线。

5. 市政站点

市政站点应尽量布置在保护区周边靠近城市道路或较宽的胡同口附近，其建筑风格与保护区建筑风格和色彩相协调。

（七）历史文化保护区市政基础设施规划方案

1. 供水规划

充分利用现有供水管线，同时配合规划路的新建和扩建，增补缺少的供水管线，使旧城的供水可靠性得到提高。主要新建管线如下所述：

（1）皇城

沿地安门内大街——景山东街、北长街——南长街、五四大街——北池子大街新建 *DN*400 供水管。

（2）内城

阜成门内大街、西四北头条至八条：沿赵登禹路新建 *DN*600 供水管；沿西四北大街新建 *DN*400、*DN*600 和 *DN*1000 供水管。

什刹海地区：沿德胜门内大街新建 *DN*600 供水管。

南北锣鼓巷、张自忠路南北、国子监地区、东四三条至八条：沿鼓楼东大街、交道口南大街、美术馆后街、东四南北大街新建 *DN*400 供水管，沿雍和宫大街新建 *DN*1200 供水管。

东交民巷：周边供水管线可以满足需要，不需新建管线。

（3）外城

大栅栏、鲜鱼口地区：沿前门大街新建 *DN*600 供水管。

东西琉璃厂、法源寺：周边供水管线可以满足需要，不需新建管线。

2. 排水规划

应结合二环路内的旧城危旧房改造、道路网加密，进一步完善排水系统。具体规划方案有：

（1）皇城

沿西皇城根北街新建 $\phi800\sim\phi1350$ 雨水管道；沿五四大街新建 $\phi800\sim\phi1350$ 雨水管道。

（2）内城

阜成门内大街、西四北头条至八条：沿西四北大街至阜成门内大街修建$\phi800\sim$□2800×2000 雨水管沟及 $\phi800\sim\phi1350$ 污水管；沿赵登禹路新建 $\phi1050$ 污水管。

什刹海地区、南北锣鼓巷、张自忠路南北、国子监地区、东四三条至八条：沿新街口南北大街新建 $\phi800\sim\phi1350$ 雨水管及 $\phi500\sim\phi700$ 污水管，沿德胜门内大街新建 $\phi800\sim\phi1350$ 雨水管及 $\phi500\sim\phi700$ 污水管，沿地安门外大街新建 $\phi900\sim\phi1200$雨水管，沿鼓楼东大街新建 $\phi1050\sim\phi1350$ 雨水管及 $\phi1050$ 污水管，沿雍和宫大街、东四北大街新建 $\phi1000\sim\phi1500$雨水管及 $\phi700\sim\phi900$ 污水管，沿朝内北小街新建 $\phi800\sim\phi1200$ 雨水管及 $\phi500$ 污水管。

东交民巷：周边雨污水管线可以满足需要，不需新建管线。

（3）外城

大栅栏、鲜鱼口、东西琉璃厂地区：沿前门大街新建 $\phi1500$ 雨水管及 $\phi800$ 污水管，沿南新华街新建 $\phi1600$ 雨水管及 $\phi600$ 污水管，沿正义路南延新建 $\phi1500$ 雨水管及 $\phi800$ 污水管。

法源寺：周边雨污水管线可以满足需要，不需新建管线。

3. 清洁能源采暖分区规划

为解决历史文化保护区内采暖用能问题，按照经济性、胡同条件、现状城市热力供热范围，以及天然气、电网条件的原则，对 30 片历史文化保护区进行了天然气采暖区、电采暖区、城市热力采暖区的划分。

北京旧城历史文化保护区（不包括故宫、六海地区）占地面积约 1054hm^2，估

北京旧城历史文化保护区分片供热规划情况汇总表　　表 1.2

地块名称	用地 (hm^2)	建筑面积 (万 m^2)	天然气供热面积 (万 m^2)	电力供热面积 (万 m^2)	热力供热面积 (万 m^2)
1. 景山八片	90.6	50.2	31.5(62.7%)	10.4(20.8%)	8.3(16.5%)
2. 南北长街	30.5	15.3	7.1(46.4%)	0	8.2(53.6%)
3. 西四北头条至八条	37.2	18.6	0	18.6(100%)	0
4. 阜成门内	56.2	28.1	19.8(70.5%)	3.6(12.8)	4.7(16.7%)
5. 什刹海地区	26.6	13.3	0	13.3(100%)	0
6. 南锣鼓巷	81.8	40.9	37.3(91.2%)	3.6(8%)	0
7. 国子监	90.0	45.0	45.0(100%)	0	0
8. 北池子	27.0	13.5	7.4(54.8%)	2.4(17.8%)	3.7(27.4%)
9. 南池子、东华门	31.6	15.8	6.7(42.4%)	1.2(7.6%)	7.9(50.0%)
10. 东四三条至八条	66.1	33.1	0	33.1(100%)	0
11. 东交民巷	64.8	32.4	0	0	32.4(100%)
12. 大栅栏	119.4	64.0	31.2(48.8%)	25.4(39.7%)	7.4(11.5%)
13. 东琉璃厂	10.0	6.0	1.6(26.7%)	3.5(58.3%)	0.9(15.0%)
14. 西琉璃厂	6.2	3.1	1.8(58.1%)	0.6(19.3%)	0.7(22.6%)
15. 鲜鱼口	34.6	17.3	9.4(54.3%)	7.3(42.2%)	0.6(3.5%)
16. 法源寺	10.6	10.0	5.0(50.0%)	0	5.0(50.0%)
17. 北锣鼓巷	51.8	25.9	19.1(73.8%)	4.7(18.2%)	2.1(8.0%)
18. 张自忠路北	44.6	22.3	18.5(83.0%)	1.0(4.4%)	2.8(12.6%)
19. 张自忠路南	43.8	21.9	16.3(74.4%)	0.8(3.7%)	4.8(21.9%)
20. 西什库	100.0	90.0	0	0	90.0(100.0%)
21. 府右街	30.5	21.0	0	0	21.0(100.0%)
合计	1053.9	587.7	271.0(46.1%)	116.2(19.8%)	200.5(34.1%)

注：括号内数据为占总建筑面积的比例。

算建筑面积约 587.7 万 m^2。为了改善这些建筑的采暖供热状况和使用清洁能源，经研究用天然气可解决 271 万 m^2 的供热面积，占总供热面积的 46.1%；电力负责 116.2 万 m^2 的采暖任务，占总供热面积的 19.8%；其余 200.5 万 m^2 的供热面积由城市热网承担，占总供热面积的 34.1%。见表 1.2。

（1）皇城

为三种方式混合区。

（2）内城

西四北头条至八条、东四三条至八条为电采暖区；什刹海地区、国子监地区及张自忠路北、东交民巷为城市热力采暖区；南北锣鼓巷为燃气、电采暖混合区；阜成门内大街、张自忠路南为三种方式混合区。

（3）外城

法源寺为燃气采暖区；大栅栏、鲜鱼口、东琉璃厂地区为燃气、电采暖混合区；西琉璃厂地区为三种方式混合区。

4. 供电规划

目前为北京旧城 30 片历史文化保护区供电的变电站主要有 17 座，其中 110kV 有 14 座，220kV 有 3 座。

结合旧城内的道路建设、开发项目，为历史文化保护区提供电源，规划在旧城范围内建设 4 座变电站，其中 110kV 有 3 座，分别是隆福寺站、磁器口站、天桥站；天桥 220kV 站 1 座。

5. 燃气规划

通过对历史文化保护区建筑物特点及燃气供应现状情况的分析，并结合北京市天然气发展总体规划，对 30 片历史保护区做出如下天然气管线规划方案：

（1）皇城

沿南北长街修建 *DN*200 中压管线；沿景山东街修建 *DN*400 中压管线。

（2）内城

阜成门内大街、西四北头条至八条：沿赵登禹路修建 $DN300$ 中压管线；沿西四北大街修建 $DN500$ 中压管线。

什刹海地区、南北锣鼓巷、张自忠路南北、国子监地区、东四三条至八条：沿新街口南北大街新建 $DN500$ 中压管线，沿德胜门内大街新建 $DN300$ 中压管线，沿鼓楼北大街新建 $DN300$ 中压管线，沿鼓楼东大街新建 $DN300$～$DN500$ 中压管线，沿雍和宫大街、东四北大街新建 $DN500$ 中压管线，沿朝内北小街新建 $DN500$ 中压管线。

东交民巷：周边燃气管线可以满足需要，不需新建管线。

（3）外城

大栅栏、鲜鱼口地区：沿前门大街新建 $DN500$ 中压管线，沿正义路南延新建 $DN500$ 中压管线。

法源寺：沿菜市口南大街新建 $DN500$ 中压管线。

东西琉璃厂地区：周边燃气管线可以满足需要，不需新建管线。

6. 热力规划

（1）皇城

现况热力管线分布较多，可以在现状管线旁边接入一些具备条件的用户。沿西安门大街修建 $DN500$ 热力管线，沿地安门内大街修建 $DN400$ 热力管线。

（2）内城

阜成门内大街、西四北头条至八条：沿赵登禹路修建 $DN800$ 热力管线；沿西四北大街修建 $DN500$ 热力管线。

什刹海地区、南北锣鼓巷、张自忠路南北、国子监地区、东四三条至八条：沿新街口南北大街新建 $DN800$ 热力管线；沿德胜门内大街新建 $DN600$ 热力管线；沿地安门外大街新建 $DN400$ 热力管线；沿鼓楼东大街新建 $DN400$ 热力管线；沿安定门内大街、交道口南大街新建 $DN600$ 热力管线；沿东四北大街新建 $DN500$ 热力管线；沿东内北小街、朝内北小街新建 $DN600$～$DN800$ 热力管线。

东交民巷：周边燃气管线可以满足需要，不需新建管线。

（3）外城

大栅栏、鲜鱼口、东西琉璃厂地区：沿前门大街新建 $DN600$ 热力管线，沿南新华街新建 $DN500$ 热力管线。

7. 通信规划

（1）皇城：沿府右街、西安门大街、景山前街修建 36 孔通信管道。

（2）内城

阜成门内大街、西四北头条至八条：沿阜成门内大街修建 24 孔通信管道，沿西四北四条修建 24 孔通信管道。

什刹海地区、南北锣鼓巷、张自忠路南北、国子监地区、东四三条至八条：沿鼓楼西大街修建 36 孔通信管道，沿雍和宫大街修建 36 孔通信管道。

东交民巷：分别沿南池子大街南延、前三门大街修建 36 孔通信管道。

（3）外城

大栅栏、鲜鱼口、东西琉璃厂地区：分别沿人大西侧路南延、前门大街、正义路南延修建 24 孔通信管道。

法源寺：沿菜市口大街修建 48 孔通信管道。

（4）站点

规划在旧城范围内建设 3 个电信局：东直门、槐柏树及北京通信综合业务楼；建设 10 个有线电视基站：新街口、安定门、朝阳门、福绥境、大栅栏、广内、天桥、天坛、东花市及建国门基站。

8. 消防规划

结合历史文化保护区的修缮和改造，逐步提高建筑的耐火等级，对用火、用电设施进行全面改造，控制建筑密度，考虑防火间距。

结合市政上水工程增设室外消火栓。室外消火栓间距应满足相邻两个消火栓水枪的充实水柱同时达到保护区的任何部位，消防用水量应满足生活用水量最大时不小于 10L/s。

消防摩托

考虑消防车的通道，解决好车辆通行和停车的问题。

进一步加强消防队站的建设，2005 年之前建成金宝街、金融街、校场口、珠市口、天安门 5 个消防队站；2008 年之前建成地安门、沙滩、王府井、西四、新华街、白纸坊、红桥 7 个消防队站。

考虑到历史文化保护区胡同宽度窄的特点，结合消防队站建设，配置小型化的消防设备，例如购买小型车辆等。

（八）历史文化保护区市政基础设施技术措施

经过研究，在历史文化保护区内部铺设市政管线时，管线之间水平净距力争满足国家规范，不能满足规范的，通过采取特殊措施满足行业管理和安全的要求。这些特殊措施主要包括采用特殊、新型的管材，特殊的构筑物（检查井）和特殊的附件（闸阀）等等。经过与各个专业公司、管理部门共同协商，在采用特殊措施、加强管理的前提下，确定历史文化保护区市政管线最小水平间距，见表 1.3。

1. 供水工程技术措施

（1）供水管道的管材应使用球墨铸铁管或钢管，以提高耐压等级；

（2）将设置井室改为设置闸管，并采用免维修、产品质量较好的新型闸门，可以减小管道之间的水平间距。例如软密封闸阀、阀门地埋装置（窨井）等。

（3）管道附件在满足设计条件的情况下直接砌筑井室。在无法满足设计条件的情况下，砌筑井室的方法由原来的圆井形式改为长方形，如：闸门、消火栓等。

2. 排水工程技术措施

（1）管材

雨污水管道应采用高强度的高分子聚合材质的管材（如硬聚氯乙烯［UP-VC］双螺纹排水用塑料管），这种管材管道外径小，耐腐蚀。同时摩阻系数低，可减小管径。采用柔性接口、砂基础，

历史文化保护区内市政管线最小水平间距表（m） **表 1.3**

序号	管线名称	1	2		3	4		5	6
		建筑物	自来水		雨污水	燃气		电力	电信
			$d\leqslant200$	$d>200$	$d\leqslant1000$	低压	中压 $d\leqslant200$	≤10kV	
1	建筑物		1.0	2.0	1.0	0.7	1.0	0.3	0.3
2	自来水 $d\leqslant200$	1.0			0.5	0.3	0.5	0.5	0.5
	自来水 $d>200$	2.0			1	0.5	0.5	0.5	0.5
3	雨污水 $d\leqslant1000$	1.0	0.5	1		0.5	1.0	0.5	0.5
4	燃气低压	0.7	0.3	0.5	0.5			0.5	0.5
	中压 $d\leqslant200$	1.0	0.5	0.5	1.0			0.5	0.5
5	电力≤10kV	0.3	0.5	0.5	0.5	0.5	0.5		0.5
6	电信	0.3	0.5	0.5	0.5	0.5	0.5	0.5	

注：1. 小于 10m 宽胡同内不安排热力一次水管线。

2. 燃气高压管线不进入 10m 以下宽度的胡同内。

3. 表中管线单位为 mm。

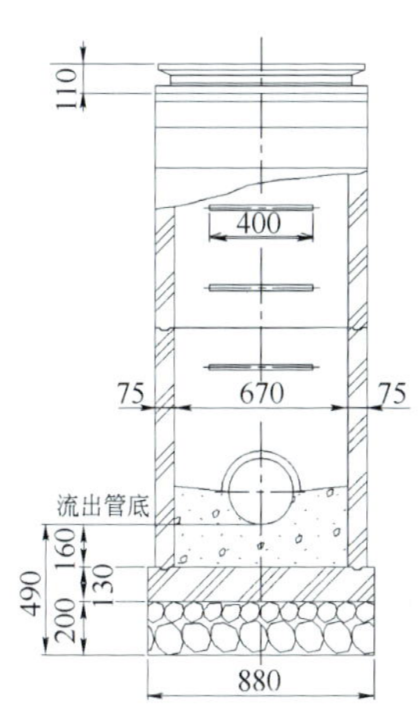

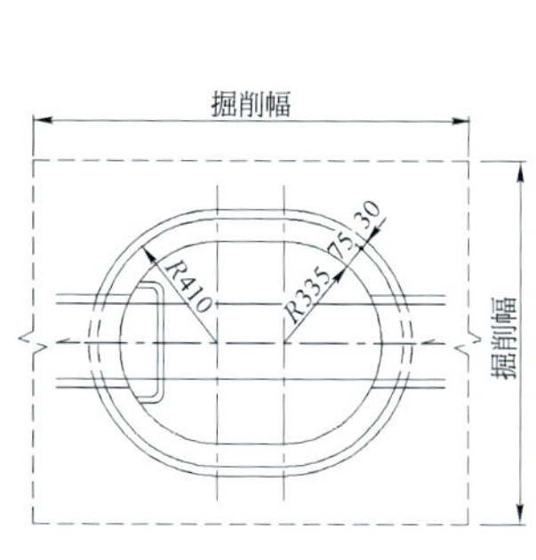

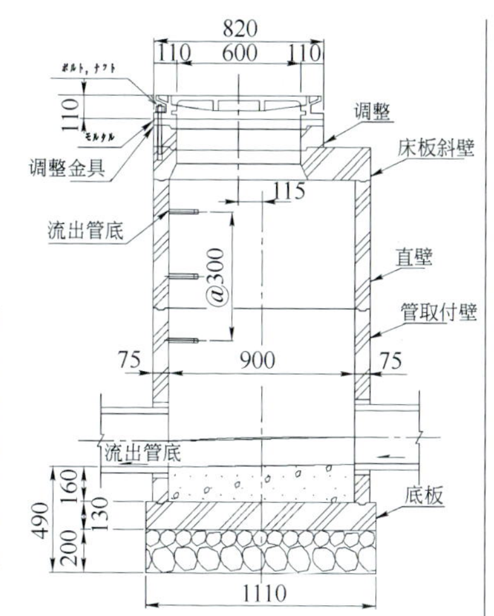

图 1.32 椭圆形检查井示意图

可减少工程占地便于狭窄的胡同施工。

(2) 非标准检查井

局部地区采用非标准检查井：其形式为长方形或椭圆形井型，长方形或椭圆形井室顺水流方向为井室的长边或长轴，长度宜大于等于 900mm，垂直水流方向为井室的短边或短轴，长度宜大于等于 700mm。针对有带水维修要求的污水管，还必须要求支户线应顶平接入，不得跌落接入。

检查井井墙厚度取决于井室结构，采用钢筋混凝土结构较传统标准图砖砌井墙厚度有所减少(大小根据具体工程情况由结构设计确定)。

钢筋混凝土检查井可分为现浇混凝土井和预制装配式混凝土井。非标准设计中的长方形检查井适合现浇混凝土施工，而椭圆形检查井适合预制装配的施工方式，见图 1.32。

(3) 明沟排水

减少雨污水管道的水平间距是通过采用小型检查井来实现的，还可以通过减少管线解决，如在特定的地形条件下雨水采用边沟排水或地表径流排放，胡同内只敷设污水管，为其他管线留出空间(这种措施的前提条件是院落地面高程高于胡同)。预制装配式雨水边沟见图 1.33～图 1.35。

(4) 特殊地段雨污水管线布置方式

对于雨、污水必须分流，但道路宽度有限的局部路段，将雨污水检查井放置在同一路由上，使投影方向的雨污水管外结构净尺寸尽量减少到最小，竖向高程上雨污水管结构相错开，以满足支户线接入的交叉要求。污水置于下，雨污水检查井错开布设，污水检查井中套有雨水管，雨水管需保证结构安全。雨

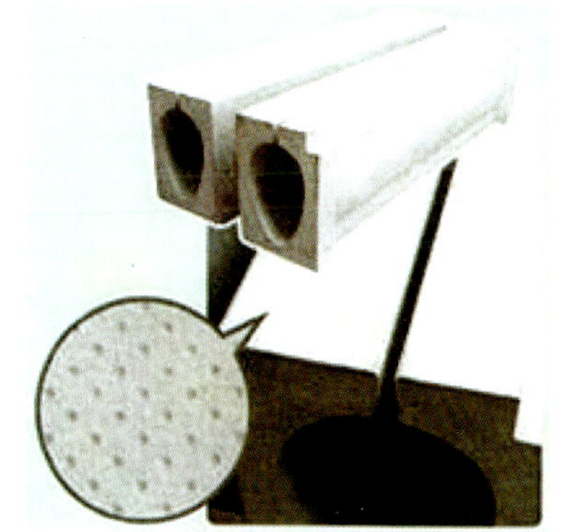

图 1.33 预制装配式雨水边沟 1

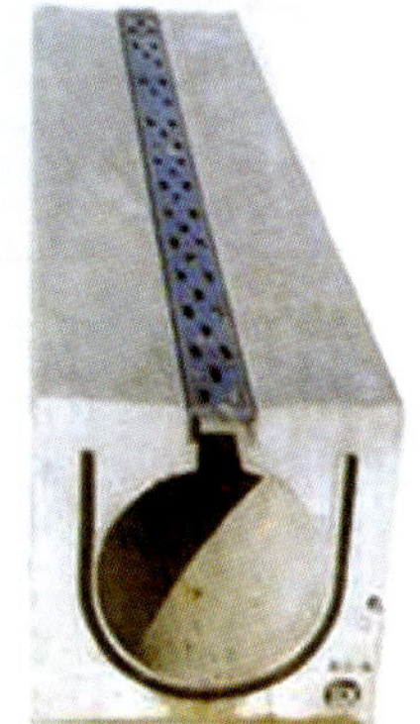

图 1.34 预制装配式雨水边沟 2

图 1.35 预制装配式雨水边沟 3

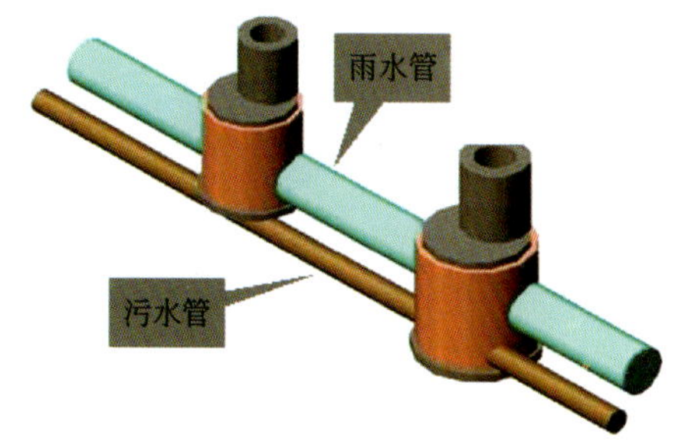

图 1.36 特殊地段检查井示意图 1

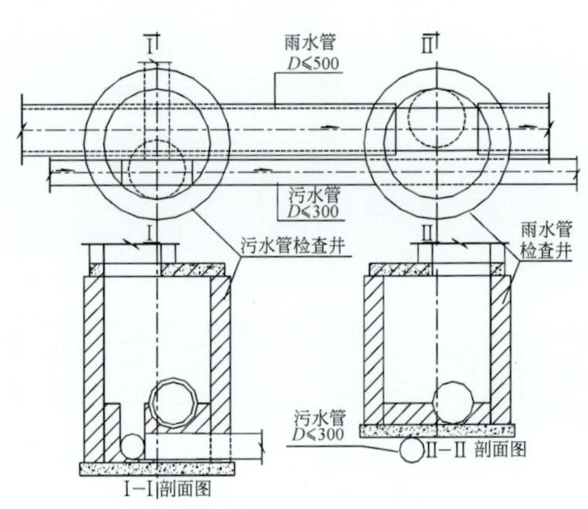

图 1.37　特殊地段检查井示意图 2

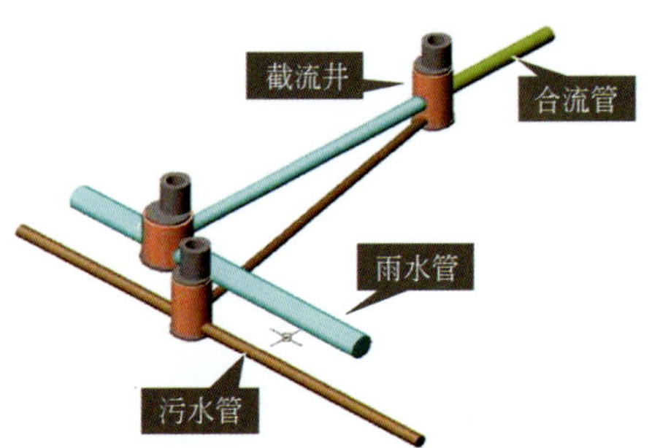

图 1.38　污水截流井示意图

图 1.39　山西平遥古城路灯

图 1.40　北京南池子路灯

污水管可采用高强度的高分子聚合材质的管材(如硬聚氯乙烯［UPVC］双螺纹排水用塑料管)，管道外径小，且抗腐蚀。又因摩阻系数低，管径可减小。采用柔性接口、砂基础，可减少工程占地，适于狭窄胡同的施工，如图 1.36、图 1.37 所示。

(5) 污水截流措施

在道路狭小、实施困难的胡同中，采用灵活多样的形式，按规划目标分阶段、分步骤进行。现阶段利用现况合流旧沟或维持原有的合流制排水系统，在接入干线前实施雨污分流。待新技术、新方法开发成熟后，实现雨污水分流的远景规划。

目前截流井形式是在合流管排入雨水干线前检查井内设置截流槽，并另设置截流管将截流槽与污水干线接顺。截流槽低于合流管的管底，保证非雨天时，污水全部截流入污水干线内。在雨天时，超过截流倍数的合流污水通过雨水干线排入水体，其污染物已被稀释了，见图 1.38。

(6) 化粪池

传统化粪池体积大、需定时抽取，设置、运行管理不便。目前国内出现了一些新型的卫生环保化粪池，其主要特点为：一，采用细菌分解有机物的方法与设备，将粪便转化为清水，达到控制污染的效果；二，清掏周期长，可视情况 3～5 年抽一次；三，体积小，规格为 1.2m×1.2m×1.1m 的环保化粪池每天可处理 15 个人的粪便。因此在历史文化保护区内应推广使用这些新型的环保化粪池。

3. 电力工程技术措施

(1) 管材

电缆线路应强弱电分开布置(10kV、1kV 电缆可以进管井)电缆管管径选用直径 125mm(开闭站外电源除外)，管材采用新型水泥管或玻璃钢管，并考虑电缆管线的散热和管材防污水腐蚀问题。

(2) 非标准检查井

应采用非标准的异型电缆人孔井等新

工艺，电缆管井井室可以研究采用玻璃钢等新型材料井室的可行性。

(3) 路灯

路灯箱式变压器设置尽量与区内配电箱结合。无条件地区由供电系统提供专用低压线，路灯安装控制箱，解决路灯专用电源问题。每一电源点的供电半径为500m左右。路灯电缆宜采用直埋方式，可采用一些新工艺接线方式保证安全供电。

路灯灯型应选用庭院灯、墙灯、门灯多种形式，灯具应安全可靠美观，检修方便，因地制宜，风格与保护区风貌协调。路灯示意见图1.39、图1.40。

4. 燃气工程技术措施

(1) 管材

为满足历史文化保护区内市政管线布置的要求，首先应降低天然气管道的压力，减小安全距离要求，保护区内燃气主要用于居民炊事及采暖，应使用低压燃气。其次，在理论计算值的基础上，增加管壁厚度。再次，要加强检测，保证焊口100%无损探伤，同时提高管道的防腐等级。

(2) 调压柜(站)

根据规范要求：流量较大的地上调压站与其他建、构筑物水平净距为6.0m，地上调压柜为4.0m，地下调压箱为3.0m。针对历史文化保护区对建筑风格及景观要求较高、用地较紧张的情况，规划在保护区内尽量采用地下调压箱，其放散管设置按规范要求并结合周围建、构筑物情况。见图1.41、图1.42。

调压柜(箱)与建筑物的水平净距尽量按规范要求执行，如果不能满足规范要求，地上调压柜与建(构)筑物的水平净距可以减为3m，地下调压箱与建(构)筑物的水平净距可以减为2m。但需要经过专家研究论证。

5. 供热工程技术措施

(1) 管材

热力管线应采用新型直埋保温管，采用三位一体的整体性结构即钢管、保温层、外壳管高度粘结，可以最大限度地减少占地，最大限度地减少甚至完全取消系统中的补偿和相应的小室以及固定支架，从而降低整体工程的投资，加快施工进度，提高管网系统的安全性，见图1.43、图1.44。

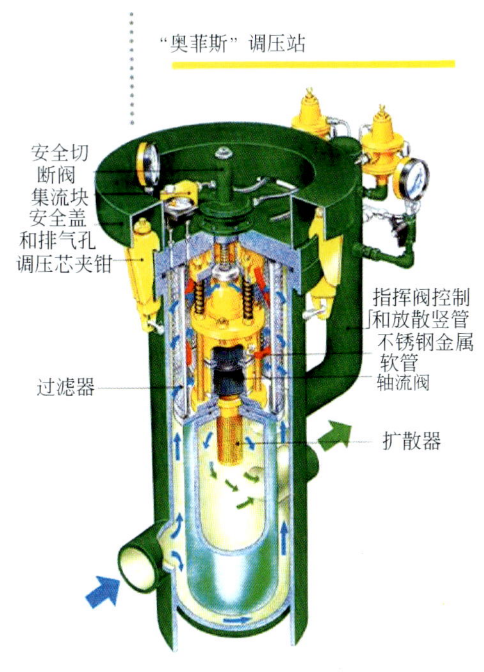

图1.41 地下调压箱1

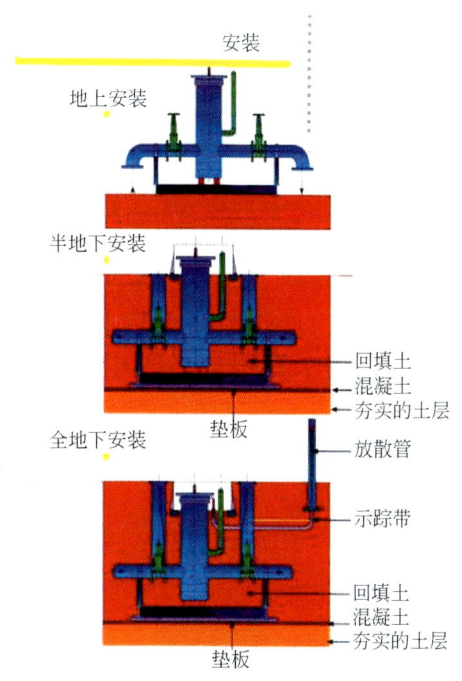

图1.42 地下调压箱2

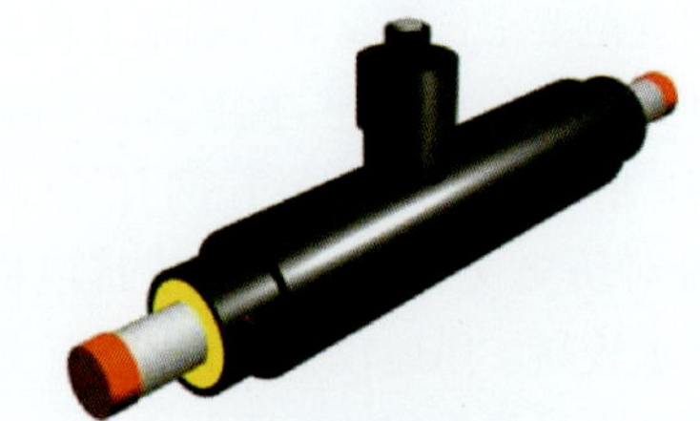
图 1.43　直埋热力预制保温管

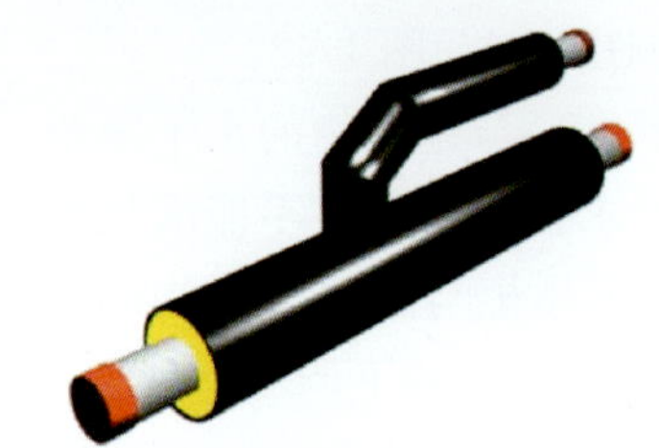
图 1.44　直埋热力预制三通保温管

图 1.45　定慧寺空军干休所热力站

(2) 热力站

热力站应采用智能化热力站。这种热力站使用先进的控制技术和阿法拉法、APV 等小型组合式供热机组，与常规热力站相比减少了占地，节约了投资，安装简便，节约能源提高了自动化水平，达到无人值守。换热机组是集成了板式换热器、循环泵、补水泵、温度计、压力表、各种传感器、管路和阀门及工控于一体的成套区域供热控制设备，并加装了补水系统、定压系统、水处理系统、变频流量控制系统、热量计计量及网络通信控制系统。小型站占地一般为 20～70m^2，见图 1.45～图 1.48。

6. 通信工程技术措施

管材应采用水泥管块、钢管、塑料管及多孔格栅管等多种类型管材，线路交接点应采用新型人孔及嵌入式弱电箱。一些新型的人孔及手孔见图 1.49～图 1.51。

7. 消防装备

在保护街道胡同体系、历史风貌的前提下提高保护区建筑设防等级，增加必备的消火栓等基础设施，满足消防水量和水压，添置小型消防车辆，合理疏通消防通道。保证消防安全。消防车见图 1.52，消火栓如图 1.53、图 1.54 所示。

(九) 历史文化保护区市政基础设施布置的要求

通过以上的市政规划方案和技术措施的研究，在历史文化保护区引入市政基础设施、在胡同内安排市政管线提高居民的生活质量是可行的，但也是有条件的。现提出一些市政基础设施布置的要求，希望在用地规划及建筑布局规划中予以考虑，以避免工作重复，提高工作效率。

1. 同步规划、设计

历史保护区的保护与更新，应将建筑方案与完善市政基础设施的规划方案相结合，建筑、市政工程同步规划、同步设计。结合实际、近远结合、分期分步、先地下后地上，统一协调，组织实施。

2. 市政站点、走廊的布置

在历史文化保护区研究保护改造方案时，要为市政基础设施的引入创造条件，留出必要的用地和走廊。首先确定进入保护区管网所必须具备的市政基础设施站、点、箱(天然气-调压站或箱，供电-变电站、配电室或箱式变压器，热力交换站需要达到的规模设置，电信-模块局、交接箱、有线电视-光接点)的位置。据此安排进出保护区管线的种类和

图 1.46　百灵机场换热站

图 1.47　APV 供热机组

图 1.48　TS2000 智能供热机组

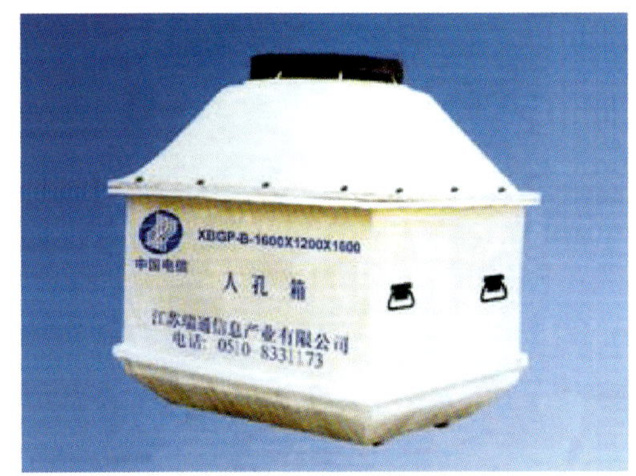

图 1.49　XBGF 型耐水不燃高强度入孔

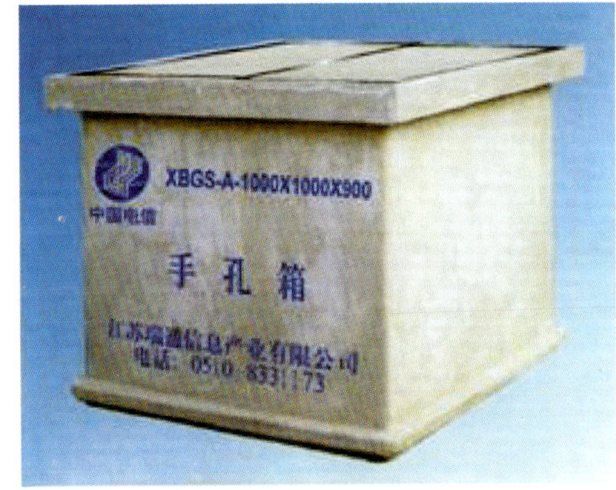

图 1.50　XBGS 型耐水不燃高强度手孔

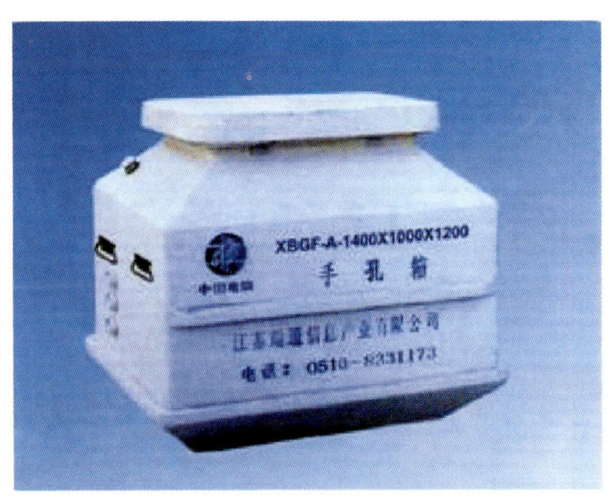

图 1.51　XBGP 型耐水不燃高强度手孔

图 1.52　小型消防车

09系列
地面上出口式消火栓
螺纹式出口类型B
DN 80
PN 10
GGG-50

配件选择：
- 人工或自动排水
- 铝制栓体
- 螺纹式出口类型B
- 闸阀操作

图 1.53　地上新式消火栓

19系列
地下式消火栓
螺纹式出口类型
DN 80
PN 10或16
GGG-50

配件选择：
- 流线型或紧凑型

图 1.54　地下式消火栓

图 1.55 苏州桐芳巷燃气调压站

图 1.56 苏州山塘街改造一期工程

位置。具体有：

（1）供水设备中的用户水表井应安排在院落中。

（2）应结合历史文化保护区用地规划和院落建筑平面布局，合理安排院落化粪池的位置。化粪池应安排在清洁车辆易于清掏的地方，如放置在院落内，距院落门口不得超过 40m。

（3）应结合历史文化保护区用地规划和院落建筑平面布局，合理安排开闭站、配电室、箱式变压器的位置。

（4）应结合历史文化保护区用地规划和院落建筑平面布局，合理安排调压站或调压柜的安装位置。壁挂炉及燃气设施应安装在有直接对外门窗、通风良好、便于燃气管道引入的厨房。

（5）能够采用集中供暖的区域在建筑改造方案设计时，应预留供暖管线走廊。规范规定管径等于或小于 300mm 的热力网管道，可以穿过建筑物的地下室或自建筑物下专门敷设的通行沟内穿过。

（6）应在院落出入口通道的墙上预留出电表、通信的组线箱和放大箱等设施的位置。

（十）历史文化保护区市政基础设施改造实施方式

对于历史文化保护区市政设施改造的方式有很多，要根据每一片历史文化保护区的实际情况，因地制宜，区别对待。但是大体上可以分为两种方式，一种是胡同与院落改造同期进行；另一种是房屋建筑不动，单独改造胡同的市政管线。

1. 胡同与院落改造同期进行

北京南池子历史文化保护区试点片、苏州桐芳巷、山塘街一期的市政设施改造是结合房屋建筑改造同期进行。如图 1.55、图 1.56 所示。这种方式需要将保护区内的居民迁出一段时间，进行房屋改造和修缮，同时改造胡同、里弄的市政管线。其优点是结合房屋改造可以统一、合理地安排市政站点；居民迁出可以降低施工难度和减少临时管线的铺设，节约工程费用，其缺点是增加了居民外迁的安置费。

由于这种改造方式是一片一片区域地进行院落改造，不是目前提倡的微循环式的改造方式，可能在一定程度上造成了对历史文化保护区风貌的破坏。但是对于胡同内的市政管线改造和历史文化保护区的市政设施的改造，该种方式是比较经济合理的。

2. 单独改造胡同内的市政管线

苏州的东麒麟巷、山塘街二期都是单独进行胡同的市政管线的改造。如图1.57、图1.58所示。在胡同的市政管线设施改造时院落保持不动，居民仍旧居住在原有的房屋内。这种改造方式的优点是避免了居民外迁，节省了安置费，改善了院落外部的市政条件，为院落采用微循环的保护及改造方式创造了条件。该种方式的缺点是增加了市政工程的施工难度和投资，需要增加临时管线的建设和新旧管线的替换，实施过程中还要保证居民正常生活需求，保证居民正常出行需求和消防安全需求。

3. 小结

对于历史文化保护区市政设施的改造，不管是哪一种实施方式，都要有一个组织机构，按规划对一条胡同或若干条胡同整体进行市政管线和市政站点、设施的改造，为同期或下一步院落改造提供外部条件；院落内的市政设施应随着院落的改造同步进行，可以按照微循环的模式进行保护和改造。

（十一）结论和建议

1. 结论

本次研究成果经北京市十几个专业主管单位的共同合作、规划调研，在规划方面解决了历史文化保护区内城市基础设施现代化的问题，使历史文化保护区内引入市政管线成为可行，为下一步规划、设计、实施创造条件。

本次研究成果是一个规划宏观研究，为具体实施每一片的市政建设规划设计奠定了良好的基础。每一片具体建设尚需针对各个片的实际情况，分别编制详细规划、具体履行审批手续。

2. 建议

为了促进历史文化保护区内城市基础设施现代化，将市政管线引入历史文化保护区，将本次研究成果应用到实际工作中，还应进一步做一些工作。

(1)本次研究工作经过专家论证后要形成文件，然后上报市政府批准，使本次研究工作具有一定的严肃性和实用性。

(2) 为了更好地落实《保护规划》，使市政设施能够顺利引入保护区，在该研究工作基础上，应由有关部门尽快制定适用历史文化保护区内市政管线的综合规划及设计规范，以指导今后的实际工作。

(3) 应进一步研究市政综合管廊经常管理和管理机构的问题，以促进综合管廊在历史文化保护区及北京市

图1.57 苏州东麒麟巷有线电视交接箱

图1.58 苏州山塘街改造二期工程

区的实际应用。

（4）应进一步研究市政管线一沟多用的可行性，研究通信工程中一线多用的可行性，以减少胡同中市政管线的种类，便于安排更多的市政管线。

（5）关于历史文化保护区保护与改造的资金筹措、房屋产权改革与交易、人口外迁与疏散、改造建设实施的组织等诸多问题，仍需有另外的专题研究。

二、分报告一：

北京旧城历史文化保护区外部市政基础设施规划方案研究

(一) 前言

市政府于 2002 年 10 月正式批准了《北京历史文化名城保护规划》，如图 2.1，该规划在旧城区列出 30 片历史文化保护区(第一批 25 片，第二批 5 片，共 30 片)作为历史文化名城重要组成部分，要求必须对其历史文化、传统风貌、民族地方特色进行保护，并且要改善、提高保护区内生活、环境质量及市政基础设施的现代化水平。

(二) 北京旧城 30 片历史文化保护区情况

1. 北京旧城 30 片历史文化保护区的分布与特色

北京第一批、第二批历史文化保护区合计后，总共有 40 片。其中，旧城内有 30 片历史文化保护区，总占地面积约 $1278hm^2$，占旧城总面积的 21%。旧城第一批、第二批历史文化保护区和文物保护单位保护范围和其建设控制地带的总面积为 $2617hm^2$，约占旧城总面积的 42%保护区分布如图 2.1 所示。

图 2.1 旧城内第一批、第二批历史文化保护区分布图

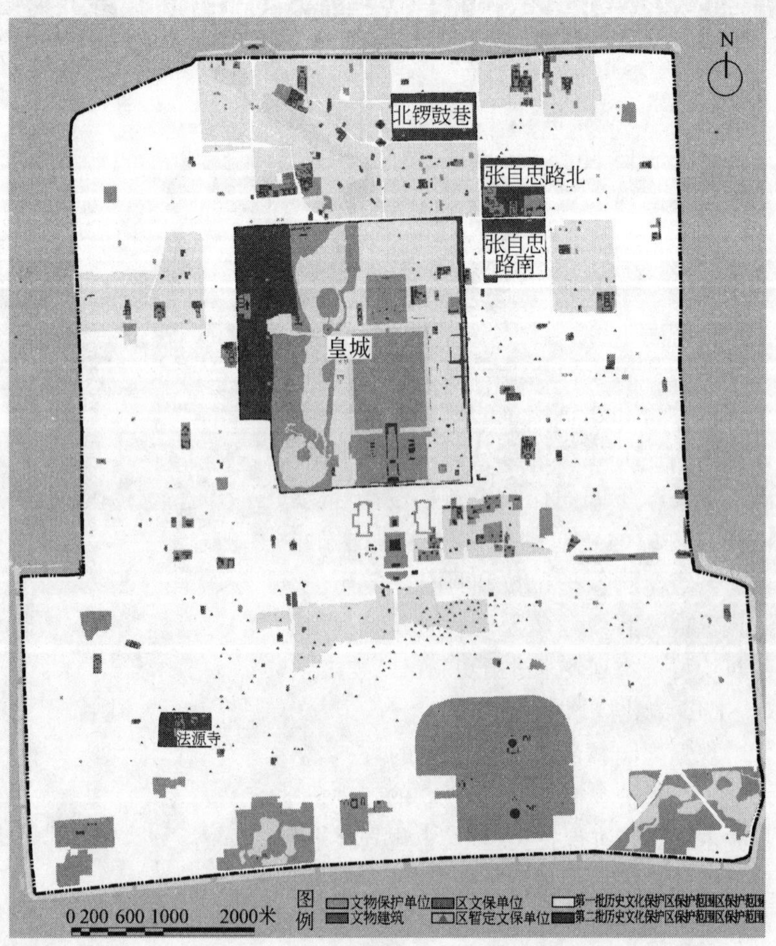

旧城 30 片历史文化保护区中将皇城作为一个历史文化保护区进行整体保护，其中包括第一批历史文化保护区的南北长街、南北池子、景山八片等 14 片历史文化保护区。保护范围东起南北河沿大街，北至平安大街，西至西皇城根南北街，灵境胡同和府右街，南到长安街面积约 $683.0hm^2$。皇城保护区位于北京旧城核心部位，是以故宫宫殿建筑群、景山、三海等皇家御苑为中心，文物古迹、传统民居和街巷分布广泛，突出体现封建国都艺术成就，具有丰富历史文化内涵和浓郁古都风貌的重要区域。区内共有各级文物 70 项，其重要性在全市文物规模等级中列为首位。

有 10 片历史文化保护区分布在旧皇城以外的内城，即：西四北头条至八条、东四三条至八条、南锣鼓巷和北锣鼓巷地区建于元代，是胡同系统保留最完整的传统居住区；什刹海地区是融水面风光、王府、寺庙与民俗文化于一体的地区；国子监地区是以重要文物和寺庙建筑为中心，以传统四合院为衬托的街区；阜成门内大街一直为重要的交通干道，沿街寺庙众多；东交民巷是 1900 年以后西方列强的使馆区；张自忠路北地区具有很高的历史文化价值和保护价值，是综合了文物建筑、名人故居以及传统民居等的综合性的历史文化保护区，例如段祺瑞执政府旧址；张自忠路南区域内胡同格局完整，胡同内多绿化，风貌保存完好，其中还有众多保存完好、价值较高的四合院。

有 5 片历史文化保护区分布在外城，大栅栏、鲜鱼口地区是北京著名的传统商业街区，鲜鱼口街东的草厂三条至九条有北京旧城中密集的南北走向胡同，是传统居住区；东琉璃厂、西琉璃厂是传统

商业文化街；法源寺地区民居整体风貌保存较为完好，在一定程度上代表了老北京南城的居住空间形态和社会文化背景。

为了便于规划研究，将上述30片历史文化保护区划分为20个地区进行研究，即：(1)南北长街及西华门大街；(2)南池子及东华门大街；(3)北池子；(4)景山八片(景山东街、景山西街、景山前街、景山后街、地安门内大街、文津街、五四大街、陟山门街)；(5)皇城其他地区(西什库和府右街)；(6)西四北头条至八条；(7)东四三条至八条；(8)南锣鼓巷；(9)北锣鼓巷；(10)什刹海地区；(11)国子监地区；(12)阜成门内大街；(13)东交民巷；(14)张自忠路北；(15)张自忠路南；(16)大栅栏；(17)东琉璃厂；(18)西琉璃厂；(19)鲜鱼口地区；(20)法源寺。

2. 北京旧城30片历史文化保护区规划简介

北京旧城30片历史文化保护区中第一批25片已经完成保护规划，第二批5片尚未编制保护规划，只是划定了保护范围。现重点介绍第一批25片历史文化保护区保护规划。

(1) 土地使用功能调整规划

历史文化保护区内用地性质分类遵照建设部《城市用地分类与规划建设用地标准》，土地使用性质应根据功能需要进行调整，以进一步突出历史文化保护区的特色和性质。

北京旧城第一批25片历史文化保护区保护规划范围内，居住用地面积由现状的490hm^2调整为409hm^2，占总用地面积的40%；公建用地面积由现状的247hm^2调整为266hm^2，占总用地面积的26%；工业用地面积由现状的17hm^2调整为1.6hm^2，占总用地面积的0.2%；道路用地面积由现状的154hm^2增加到213hm^2，占总用地面积的20%；公共绿化用地面积由现状的69hm^2增加到97.4hm^2，占总用地面积的9%；其他用地面积由现状的61hm^2调整为51hm^2，占总用地面积的4.8%。

(2) 居住人口规划

北京旧城第一批25片历史文化保护区内现在居民约9.5万户、28.5万人，总人口密度为275人/hm^2。规划人口为16.7万人，共需迁出人口11.8万人，占现状总人口的41%，规划总人口密度为160人/hm^2。

(3) 建筑保护和更新规划

北京旧城第一批25片历史文化保护区内总建筑面积约为613万hm^2。其中建筑质量好和较好的占42%左右；建筑质量一般的占41%左右；建筑质量较差和差的占17%左右。

根据现状建筑的传统历史文化背景、建筑空间布局与形态、建筑形式，对其传统风貌和历史文化价值进行评价，“国家、市、区级文物保护单位”类建筑占总建筑面积的7%左右；“具有一定历史文化价值的传统建筑及近代建筑”类建筑占总建筑面积的9%左右；“与传统风貌比较协调的一般传统建筑”类建筑占总建筑面积的36%左右；“与传统风貌比较协调的现代建筑”类建筑占总建筑面积的14%左右；“与传统风貌不协调的建筑”类建筑占总建筑面积的34%左右。

保护规划综合考虑对现状建筑的历史文化评价和建筑质量的评价，对重点保护区内所有建筑进行分类，不同类别的建筑采取不同的保护更新手段；对建设控制区内的建筑则只要求保留国家、市、区级文物保护单位和具有一定历史文化价值的传统建筑及近代建筑，其他建筑均可按规划要求进行更新。

(4) 绿化规划

规划把园林部门注册挂牌的古树名木列为“保护类树木”；把现状的各种成年乔木列为“准保护类树木”；规划要求新种植的乔木列为“新种植乔木”。

历史文化保护区内的绿化建设应以

街道、胡同绿化为主，不宜大拆大建集中绿地。绿化形式应以种树为主，提高绿化覆盖率。

宅院绿化应是历史文化保护区绿化规划的重要组成部分。宅院内的绿化形式，应充分考虑传统的植树栽培方式。

历史文化保护区规划公共绿地面积为97.4hm^2，占历史文化保护区总用地面积的9.4%，保留各类树木9600余棵。

(5) 交通规划

历史文化保护区重点保护区范围内不执行《北京市中心地区控制性详细规划》中原有道路规划的红线要求；历史文化保护区的道路交通规划应以不破坏历史文化保护区内的沿街传统风貌、方便居民出行、改善市政条件为目标；除城市主干道之外，历史文化保护区应尽可能限制过境交通穿过；应采取多种方式，因地制宜地解决出行和车辆停放、道路宽度等问题；历史文化保护区内的交通组织应充分利用现有不同宽度的胡同系统，特别是7m以上的胡同，更应在规划中充分利用；适当打通一些尽端胡同，拓宽一些“瓶颈”胡同，以改善区内的交通组织状况。

北京旧城30片历史文化保护区的胡同总长度145km，其具体规划要求见表2.1所示，具体如下：

宽度小于3m的胡同：为步行和非机动车道路；此类胡同占胡同总量的14%。

北京旧城30片历史文化保护区不同宽度胡同长度统计表　　表2.1

胡同宽度(m)	长度(m)	所占比例
<3	20665	14%
3～5	50344	34%
5～7	38648	27%
7～9	23003	16%
>9	12966	9%
合　计	145626	100%

宽度为3～5m的胡同：主要是步行和非机动车道路，同时可以是穿行性机动车单向道路，为就地的居民服务；此类胡同占胡同总量的34%。

宽度为5～7m的胡同：为非穿行性机动车单向道路，为就地的居民服务；此类胡同占胡同总量的27%。

宽度为7～9m的胡同：可以组织为机动车双向道路，除了为就地的居民服务外，适当承担局部地区的穿行性交通；此类胡同占胡同总量的16%。

宽度大于9m的胡同：适当承担局部地区的城市交通。此类胡同占胡同总量的9%。

历史文化保护区还有不同等级的城市道路，来承担保护区的交通。城市道路的长度为45km。

(6) 市政设施规划

历史文化保护区内的市政设施和综合管线规划应以不破坏历史文化保护区的传统风貌、改善保护区内的市政设施和防灾设施条件为目标。

历史文化保护区内的市政管线布置，应有效利用规划保留的胡同系统，不拘一格，综合考虑。

应根据各个历史文化保护区的具体情况，采用新材料、新技术和综合手段，改善保护区内的市政设施条件。如地下管网以综合管沟与直埋方式相结合，能源以使用天然气和用电相结合等。

充分改善和利用现有的市政设施，节约投资和运行费用。

(三) 历史文化保护区市政基础设施现状及存在问题

1. 现状情况

目前，北京旧城30片历史文化保护区内的大部分主要在胡同内，都敷设有雨污水合流管道、给水管道、电力架空线、电信管道、有线电视网络架空线等，个别较宽的胡同中还有天然气管道或城市热力管道。但在属于数量占多数的

图 2.2 旧城历史文化保护区内现状架空线

图 2.3 旧城历史文化保护区内现状水龙头

图 2.4 旧城历史文化保护区内现状胡同

图 2.5 旧城历史文化保护区内现状检查井

3～5m的窄小胡同中，则只有上述管线中的一部分，有的小胡同中甚至没有市政管线。

30片历史文化保护区院落内多为公共水龙头，没有水表到户；排水管道大多为合流制管道，大多数住户家中没有单独厕所，只能依靠区域的公共厕所；日常炊事多为煤气罐和小煤炉，冬季取暖多采用小煤炉或电热器；电力线路多为架空线。现状如图 2.2～图 2.5 所示。

2. *存在问题*

目前，历史文化保护区胡同内的市政基础设施现状存在很多问题，与北京市整体发展的要求差距较大，主要存在的问题有：

(1) 不能满足历史文化保护区内居民的日常生活需要。一个院落只能公用一个水龙头，居民家中没有卫生间，只能依靠公共厕所，炊事依靠煤气罐，取暖依靠小煤炉，这些状况对于老百姓是非常不方便的，也是与北京市整体发展水平不一致的。

(2) 不能满足环境保护的要求。现状雨污水合流管道和小煤火炉燃煤采暖对北京旧城的河湖水体和大气环境造成了污染，不能满足北京市目前环境保护的要求，与北京市制定的绿色奥运的目标是不一致的。

(3) 不能满足历史文化保护区防灾和市政基础设施维护管理的需要。现有的房屋毗连，布局不合理，逃生通道窄小；现有的胡同窄，曲曲折折，消防车无法进入；现有市政管线的布置只能因陋就简，间距不能满足国家规范；这些都不能满足历史文化保护区防灾和市政基础设施维护管理的需要。

(四) 历史文化保护区市政基础设施规划目标和研究内容

本次规划的目标是在保护历史文化区的整体风貌、保存历史遗存和原貌的条件下，将市政基础设施引入保护区内，提高老百姓生活质量，改善居住环境。

本次规划研究内容主要包括：依据经市政府批准的历史文化保护区控制性详细规划，逐片提出经济合理的市政基础设施场、站、点规模及布局；研究适用于历史文化保护区的清洁能源采暖方式，划定电采暖、燃气采暖、城市热力采暖以及其他方式采暖的区域；研究适用于历史文化保护区的排水体制，分析合流制对城市排水管网和污水处理设施的影响，划定合流制和分流制区域；研究确定电话、有线电视、宽带三网入户的方案；研究确定历史文化保护区完善的消防体系。提出保护区市政基础设施规划原则和初步规划方案，以解决保护区的保护和发展的矛盾。

(五) 历史文化保护区市政基础设施规划

历史文化保护区市政基础设施规划主要包括供水、排水、供暖、供电、燃气、热力、通信、消防八个专业。其余的专业设施按配套指标安排，如邮政、环卫；原则上历史文化保护区不安排中水管，保护区周边沿城市道路地区可根据实际情况考虑使用中水。

1. 供水规划

(1) 供水设施现状

旧城区内供水管线修建历史久远，但能力较小。随着旧城的改造，逐渐在城市干路上配套建设了输配水管线，主要现状管线情况如下所述：

地安门外大街和平安大街上有*DN*400管线，德胜门内大街和新街口东街有*DN*600管线，北河沿大街、五四大街和东华门大街有*DN*400管线，南北长街有*DN*300管线，文津街有*DN*400管线，西四北大街、南大街有*DN*150～*DN*400管线，西长安街有*DN*600管线，阜成门内大街有*DN*400～*DN*600管线，安定门内大街有*DN*600管线，张自忠路上有*DN*600～*DN*1000管线，东四北大街、东四南大街、美术馆后街上有*DN*400管线，交道口大街上有*DN*1000管线，前门西大街上有*DN*1000配水干管、*DN*720高压管线一条，南新华街有*DN*400管线，前门大街有*DN*600配水管线。

(2) 存在问题

保护区外部基础设施条件较差，虽然有部分新建管线，但大部分管线能力不足。

保护区内部基础设施薄弱，所用管线的材质大部分为已经停止使用的灰铁。

保护区内大多数建筑内部没有洗浴设备，一个院落多户居民公用一个水龙头很常见，卫生条件极差。

(3) 规划目标

改善居民生活条件，满足居民日常生活用水，同时满足消防要求。

(4) 规划方案

充分利用现有供水管线，同时配合规划路的新建和扩建，增补缺少的供水管线，使旧城的供水可靠性得到提高。主要新建管线如下所述：

① 皇城

沿地安门内大街——景山东街、北长街——南长街、五四大街——北池子大街新建*DN*400供水管。

② 内城

阜成门内大街、西四北头条至八条：沿赵登禹路新建*DN*600供水管；沿西四北大街新建*DN*400、*DN*600和*DN*1000供水管。

什刹海地区：沿德胜门内大街新建*DN*600供水管。

南北锣鼓巷、张自忠路南北、国子监地区、东四三条至八条：沿鼓楼东大街、交道口南大街、美术馆后街、东四南北大街新建*DN*400供水管，沿雍和宫大街新建*DN*1200供水管。

东交民巷：周边供水管线可以满足需要，不需新建管线。

③ 外城

大栅栏、鲜鱼口地区：沿前门大街新建 *DN*600 供水管；

东西琉璃厂、法源寺：周边供水管线可以满足需要，不需新建管线。

2. 排水规划

(1) 现状情况

北京市区下水道建设始于金代，经金、元、明、清和民国近 800 年的修建，截止至 1948 年底，北京市区下水道保有量 220.7km，能够使用的有 20.72km。1949 年建国后，北京市政府投入大量资金修建城市排水系统，改造治理沟渠。于 1957 年确定了雨污分流的排水体制，40 多年来一直按照该原则进行排水系统的规划、设计、建设，取得了非常大的成绩。如图 2.6，截止至 2000 年，北京市区范围内雨水管道长度为 1342.7km，污水管道长度为 1691.2km，合流管道长度为 1112.2km，排水管道总长度为 4146.1km，是建国前的 19 倍。

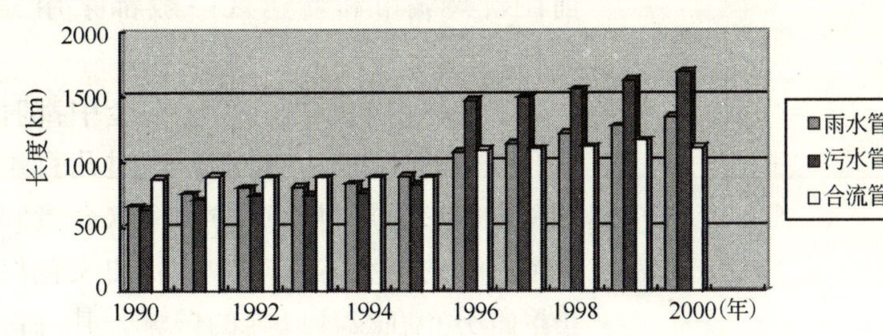

图 2.6　历年市区排水管道长度统计图

目前 30 片历史文化保护区外部的城市道路下的排水系统为雨污分流制，基本建成了雨水管道和污水管道系统。30 片历史文化保护区雨水排除分别属于北护城河、南护城河、东护城河、西护城河的流域范围，排水尾闾为通惠河。主要的雨水管道系统有四海下水道、朝内大街雨水管、前三门暗沟、两广路雨水管等等，雨水管道总长度约为 67.72km。30 片历史文化保护区污水排除均属于高碑店污水处理厂的流域范围。主要的污水管道有北二环路污水管、东二环路污水管、西二环路污水管、东内大街污水管、平安大街污水管、朝内大街污水管、前三门污水管、两广路污水管等。管道总长度约为 71.50km。

目前 30 片历史文化保护区内部的排水系统为雨污合流制，道路、胡同下多数为历史遗留的旧沟和合流管道，管径较小。内部排水管道总长 117km。

(2) 存在问题

目前历史文化保护区内部大多为合流制排水，管道修建时间早，管径较小，排水标准偏低；局部地区排水管网没有覆盖，只能依靠地面径流，容易产生积水；污水通过合流管道排入城区河湖水面，对水环境造成污染；现有的污水截流管道截流倍数偏小，加上经常有人向雨水篦子中倾倒垃圾、污水，遇到中雨或大雨，平日堆积在排水管道中的污物被雨水冲进河道，严重污染水环境。

(3) 规划目标

在保护历史文化保护区历史风貌和机理、保护胡同体系完整性的条件下，完善历史文化保护区内的排水系统，保证城区河道水环境质量。

(4) 规划原则

1) 采用分流制和合流制并存的排水体制

合流制的排水体制，利用一套排水系统收集、排除雨污水，在没有污水处理厂之前，将雨水污水直接排入河道；污水处理厂建成之后，修建污水截流干管，设置溢流井或调节池，将旱季的污水截流到污水处理厂，在雨季将多余的雨污水排入河道。合流制排水体制，污水随雨水管道直接排入河道，对河道水体造成了较大的污染，但投资相对节省，在城市建设初期一般都采取合流制，老城区和一些建成区一般多为合流制。

分流制的排水体制，将雨水和污水分成两个独立的系统，避免了污水直接排入河道，可以使污水管道系统不受雨水水量、水质变化的影响，污水处理厂处理规模、来水量、水质比较稳定。目前在新兴城市和新建区一般都采用分流制。

二环以内的旧城，由于在金中都时期已经开始建设排水设施，经过几百年的建设，形成了目前这种雨污水合流和分流并存的排水体制。30片历史文化保护区都分布在二环以内的旧城，其总占地面积为1287hm²，占规划市区面积的1%，占高碑店污水处理厂流域面积的10%。现状30片历史文化保护区内排水基本上以合流制为主。为保护历史文化保护区内的胡同格局和历史风貌，现有胡同格局和宽度基本保持不变，但为了提高历史文化保护区内老百姓的生活质量，改善市政基础设施条件，仍然需要在胡同内修建市政管道。经过初步研究确定，宽度大于等于6m的胡同应安排雨污分流的管道，宽度小于6m的胡同原则上可以采用合流管道，同时须在接入外部干线之前进行截流（详见分报告二）。以此为原则布置排水管道、划分流域范围。

如表2.2，经过统计分析，30片历史文化保护区内共有327hm² 用地采用合流制管道排水，占30片历史文化保护区用地面积的29%，占高碑店污水处理厂流域面积的2.9%。因此，在30片历史文化保护区内局部地区采用合流制排水体制对北京市区、高碑店污水处理厂流域的影响是非常小的。

2）完善污水截流措施

采用合流制排水，必须在合流管道接入市政雨水管道和入河之前设置截流措施，将合流管道中的污水截流到污水管道中，以避免污水直接排入河道污染水体。

历史文化保护区各片规划合流制区域面积表 **表2.2**

历史文化保护区	规划合流面积（hm²）	总面积（hm²）	比　例
景山八片	48.27	140.45	0.34
东交民巷	16.34	62.24	0.26
国子监	12.71	36.05	0.35
西琉璃厂	0.57	6.30	0.09
北锣鼓巷	17.17	46.00	0.37
东四三条至八条	16.55	48.80	0.34
大栅栏	25.83	47.09	0.55
张自忠路北	23.19	42.00	0.55
张自忠路南	17.94	42.00	0.43
阜成门内大街	17.15	70.38	0.24
鲜鱼口	25.95	38.08	0.68
东琉璃厂	1.86	10.02	0.19
法源寺	6.36	20.00	0.32
南锣鼓巷	28.21	83.80	0.34
南池子	14.75	34.50	0.43
什刹海	32.61	301.57	0.11
西四	5.45	32.19	0.17
北池子	12.26	39.22	0.31
南北长街	4.30	30.57	0.14
合计	327.46	1131.26	0.29

为保证城区河道水环境质量，除了在合流管道接入市政雨水管道和入河之前设置两次截流措施之外，还应适当加大下游污水管道管径，提高污水截流倍数。

3）保留化粪池

由于历史文化保护区内多为平房院落，人口少、面积小、没有足够的空间安排常规化粪池；胡同宽度窄，环卫车辆无法靠近平房院落进行清淘。经广泛调研，目前国内已经有一些新型的化粪池，不仅型号齐全，尺寸小，可以安排到平房院落内，而且通过往化粪池内投放一些特殊菌群，大大延长了清淘周期，有的化粪池清淘周期可以达到5年；目前也有一些新型的环卫车辆，抽粪管道长度可以达到30～40m。因此，通过采用新型技术和设施，在历史文化保护区内的平房院落安排化粪池是可行的。

本次研究工作中，也包括了对化粪池水封井设计的研究(详见报告二)。采取水封井可以避免臭气从化粪池的检查井盖中散出，从而解决了化粪池对周围环境的影响。

本次研究中提出在30片历史文化保护区内局部地区采用合流制排水，在该部分地区必须设置化粪池；采用分流制排水的地区可根据实际情况设置化粪池。

(5) 规划标准

1）雨水

30片历史文化保护区雨水排除规划重现期采用1年，其内部的市级文物保护单位雨水排除规划重现期采用2年。综合径流系数采用0.5～0.55。

2）污水

由于30片历史文化保护区内多数为平房，建筑高度和容积率较低，人口密度较小，经初步估算，并考虑未预见水量，污水量标准采用120m^3/(d·hm^2)。

(6) 规划方案

1）历史文化保护区外部排水系统规划

a. 皇城

沿西皇城根北街新建ϕ800～ϕ1350雨水管道；沿五四大街新建ϕ800～ϕ1350雨水管道。

b. 内城

阜成门内大街、西四北头条至八条：沿西四北大街至阜成门内大街修建ϕ800～□2800×2000雨水管沟及ϕ800～ϕ1350污水管；沿赵登禹路新建ϕ1050污水管。

什刹海地区、南北锣鼓巷、张自忠路南北、国子监地区、东四三条至八条：沿新街口南北大街新建ϕ800～ϕ1350雨水管及ϕ500～ϕ700污水管，沿德胜门内大街新建ϕ800～ϕ1350雨水管及ϕ500～ϕ700污水管，沿地安门外大街新建ϕ900～ϕ1200雨水管，沿鼓楼东大街新建ϕ1050～ϕ1350雨水管及ϕ1050污水管，沿雍和宫大街、东四北大街新建ϕ1000～ϕ1500雨水管及ϕ700～ϕ900污水管，沿朝内北小街新建ϕ800～ϕ1200雨水管及ϕ500污水管。

东交民巷：周边雨污水管线可以满足需要，不需新建管线。

c. 外城

大栅栏、鲜鱼口、东西琉璃厂地区：沿前门大街新建ϕ1500雨水管及ϕ800污水管，沿南新华街新建ϕ1600雨水管及ϕ600污水管，沿正义路南延新建ϕ1500雨水管及ϕ800污水管。

法源寺：周边雨污水管线可以满足需要，不需新建管线。

2）历史文化保护区内部排水系统规划

根据各个历史文化保护区的保护规划，在保护胡同格局的基础上，在胡同宽度大于等于6m的地区采用雨污分流制，在胡同宽度小于6m的地区采用雨污合流制并且进行截流。以此为原则布置相应的雨污水管道和合流管道。在合流管道接入外部市政雨水管道之前，设置污水截流井，将旱季的污水截流至外部污水管道，污水管道截流系数按3考虑。

结合历史文化保护区修建性详细规划，根据各片区排水体制和院落布局合理地安排化粪池。

3. 清洁能源采暖分区规划

(1) 采暖方式的选择

根据北京市目前的实际条件，旧城保护区采暖用能主要有电能、天然气、液化石油气和地热(或地温能)。

由于地热资源十分有限，而且受场地等条件制约，在旧城保护区开采地热将是十分困难的，利用热泵技术开发利用地温能，也受场地和地下水和投资的制约，难以大量使用。对于液化石油气来说，虽然可以使用罐瓶供应，但由于采暖需求量较大，其罐瓶的更换量较大，而且液化石油气的市场供应不是十分的可靠，价格波动很大，采暖期价格昂贵，这是其不利因素，而有利因素是它不用在保护区狭窄的胡同中建设天然气或电力管道，有利于在不统一改造保护区的情况下实施采暖的优质能源改造，但站在老百姓的立场上看，由于其价格的昂贵和供应的不稳定，使用液化石油气替代采暖煤炭，是弊大于利。本研究报告只对其进行分析，不作为推荐的采暖方式，但不排除少量保护区用户选择这种采暖方式。

对于平房保护区使用电采暖或天然气采暖来取代煤炭采暖，经济上均可行，通过对天然气和电力作为平房保护区的采暖用能时的技术经济情况的专题研究，得出下列结论：

1) 由于天然气的价格与后夜电的价格基本相当，但在考虑采暖系统的综合投资以后(包括为采暖而设置的电网或天然气管网的投资)，天然气采暖的经济性优于电采暖。

2) 在各种电采暖方式中，采用热泵(利用地温能)技术的方案经济性最好，其次为使用蓄热技术的方案，经济性最差的为采用电热膜方案。

3) 在北京推广电采暖除了考虑环境因素外，另一个主要原因是提高电网的经济性，减少季节和昼夜峰谷差。因此，如果仅考虑采暖而不考虑空调时，采用蓄热式电采暖应为首选方式。

(2) 供热区划的原则

供热区划的主要目的是解决采暖用能问题，即通过供热区划，确定天然气、电力以及城市热力在历史文化保护区中的供热范围，并以此为依据，编制供气方案、供电方案、城市热力管网方案。至于采暖方式，在胡同中的天然气、电力、热力管线具备的条件下，居民用户可以根据自身的要求进行选择，如天然气户内采暖器、天然气小锅炉、电蓄热采暖、电热泵采暖等，甚至可以选用液化石油气锅炉采暖方式。

1) 供热区的划定原则

a. 按照经济性确定区划原则

按照经济性原则，首选天然气作为保护区的采暖能源，其次为电力，最后是液化石油气。因此，在有条件建设天然气管线的区域内，原则上应该划为天然气采暖区域。

b. 按照胡同条件确定区划原则

历史文化保护区引入市政基础设施的规划研究，主要为了解决在保护区的统一改造中，在采用先进技术的情况下，在不同宽度的胡同中怎样布置市政管线的问题，其中管线之间的水平间距多是按照最小施工距离来确定的，所以这要求各种市政管线同时施工，才能在有限宽度的胡同内，尽可能多地安排市政管线。另外，若保护区没有统一改造计划，而近期又要求进行优质能源替代采暖用煤，则最合适的方式是采用电采暖。

在上述条件下，经研究，5m以下(不含)宽度的胡同，没有条件建设天然气管道，这样，电采暖的主要供热范围是在这些区域中。

c. 按照城市热力现状供热范围确定区划原则

由于绝大多数的保护区内的胡同宽度均没有条件安排城市热力管线，而只有个别保护区具有这种条件，而且现状为城市热力用户(主要是楼房，如东交民巷、皇城等)，因此规划城市热力供热区以现状城市热力的供热范围为主，基本不扩大其在保护区内的供热范围。

d. 按照天然气、电网条件确定区划原则

除了上述区划原则以外，在划定保护区的供热区划时，还同时考虑了天然气、电网的供应条件。如在保护区中，虽然有些胡同的宽度条件不能满足建设天然气管道的条件，但由于其周围均是天然气供热区，即天然气供应条件良好，则其也将被划为天然气供热区，将来在整合四合院时，适当拓宽这条胡同的宽度达5m以上即可(这也符合保护区交通规划的要求)，同样，一些宽度在5m以上的胡同，若其供电条件较好，也可能被划为电采暖区域。

(2) 供热区划

根据以上确定的供热区划原则，在考虑天然气、电力、热力供应现状和规划可能后，对30片历史文化保护区进行了天然气采暖区、电采暖区、城市热力采暖区的划分。

北京旧城历史文化保护区(不包括故宫、六海地区)占地面积约1054hm^2，估算建筑面积约587.7万m^2。为了改善这些建筑的采暖供热状况和使用清洁能源，经研究用天然气可解决271万m^{2}的供热面积，占总供热面积的46.1%；电力负责116.2万m^{2}的采暖任务，占总供热面积的19.8%；其余200.5万m^{2}的供热面积由城市热网承担，占总供热面积的34.1%。详见表2.3。

4. 供电规划

(1) 供电设施现状

旧城区30片历史文化保护区现状基本上是以架空线路提供电源，各种强弱电线路明线敷设，各种杆线纵横交错。用电量计量多数为一个院落一块电表，没有达到一户一表。

目前为北京旧城30片历史文化保护区供电的变电站主要有18座，其中110kV有14座，分别是新街口站、北城站、阜成门站、复兴门站、新西单站、新东安站、东城站、长椿街站、宣武门站、前门站、广安门站、牛街站、天坛站、崇文门站；220kV有3座，分别是西直门站、王府井站、朝阳门站。

(2) 存在问题

现状电力线路多为架空线路，线路零乱，不仅影响景观，而且不利于维护管理。

现状供电线路能力、供电设施水平较低，不能满足居民日益增长的用电需求和北京现代化城市的要求。

现状供电线路和变压器多数为架空，线路老化和负荷超载现象严重，线路与房屋之间的安全间距较小，存在着安全隐患。

(3) 规划目标

为历史文化保护区提供可靠的外部电源，在采暖区划的基础上，为历史文化保护区提供充足可靠的电力，满足居民现代化居住的要求，改善大气环境质量。

(4) 规划原则

1) 历史文化保护区供电规划应以不破坏历史文化保护区的传统风貌、改善保护区内的供电设施、为保护区内的居民、文物保护单位和其他现状设施改造及用电发展提供高效、安全的电力能源。

2) 历史文化保护区内的电力管线布置，应有效利用规划保留的胡同，因地制宜，综合考虑。

3) 根据各个历史文化保护区的具体情

北京旧城历史文化保护区分片供热规划情况汇总表　　表 2.3

地块名称	用地 (hm^2)	建筑面积 (万 m^2)	天然气供热面积 (万 m^2)	电力供热面积 (万 m^2)	热力供热面积 (万 m^2)
1. 景山八片	90.6	50.2	31.5(62.7%)	10.4(20.8%)	8.3(16.5%)
2. 南北长街	30.5	15.3	7.1(46.4%)	0	8.2(53.6%)
3. 西四北头条至八条	37.2	18.6	0	18.6(100%)	0
4. 阜成门内	56.2	28.1	19.8(70.5%)	3.6(12.8)	4.7(16.7%)
5. 什刹海地区	26.6	13.3	0	13.3(100%)	0
6. 南锣鼓巷	81.8	40.9	37.3(91.2%)	3.6(8%)	0
7. 国子监	90.0	45.0	45.0(100%)	0	0
8. 北池子	27.0	13.5	7.4(54.8%)	2.4(17.8%)	3.7(27.4%)
9. 南池子、东华门	31.6	15.8	6.7(42.4%)	1.2(7.6%)	7.9(50.0%)
10. 东四三条至八条	66.1	33.1	0	33.1(100%)	0
11. 东交民巷	64.8	32.4	0	0	32.4(100%)
12. 大栅栏	119.4	64.0	31.2(48.8%)	25.4(39.7%)	7.4(11.5%)
13. 东琉璃厂	10.0	6.0	1.6(26.7%)	3.5(58.3%)	0.9(15.0%)
14. 西琉璃厂	6.2	3.1	1.8(58.1%)	0.6(19.3%)	0.7(22.6%)
15. 鲜鱼口	34.6	17.3	9.4(54.3%)	7.3(42.2%)	0.6(3.5%)
16. 法源寺	10.6	10.0	5.0(50.0%)	0	5.0(50.0%)
17. 北锣鼓巷	51.8	25.9	19.1(73.8%)	4.7(18.2%)	2.1(8.0%)
18. 张自忠路北	44.6	22.3	18.5(83.0%)	1.0(4.4%)	2.8(12.6%)
19. 张自忠路南	43.8	21.9	16.3(74.4%)	0.8(3.7%)	4.8(21.9%)
20. 西什库	100.0	90.0	0	0	90.0(100.0%)
21. 府右街	30.5	21.0	0	0	21.0(100.0%)
合　计	1053.9	587.7	271.0(46.1%)	116.2(19.8%)	200.5(34.1%)

注：括号内数据为占总建筑面积的比例。

况，供电设施采用新材料、新技术，改善保护区内市政设施条件。

4）充分利用现有电力市政设施，节约投资以及运行费用。

（5）规划标准

历史文化保护区由于仅有占地面积，现阶段无规划建筑面积，故无法准确预计该区负荷，仅为估算。结合东四三条至八条地区以及西四北地区历史文化保护区电采暖方案，需低压供电的电采暖负荷面积，在房屋不做保温改造的情况下采暖负荷按照 180W/m^2、同时系数 0.8 进行测算。不采用电采暖，采用分散采暖的住宅用电指标，平均 6kW/户，当住宅户数不确定时取 60W/建筑 m^2，同时系数 0.6 进行测算。

（6）规划方案

结合旧城内的道路建设、开发项目，为历史文化保护区提供电源，规划在旧城范围内建设 4 座变电站，其中 110kV 有 3 座，分别是隆福寺站、磁器口站、天桥站；天桥 220kV 站 1 座。

5. 燃气规划

(1) 现状情况

历史文化保护区的地理位置和特点已确定，区内基础设施薄弱，外部基础设施条件较差，因区内多为平房且胡同窄小，敷设天然气管线十分困难，因此绝大多数建筑物用液化石油气作为炊事用气，以燃煤采暖，造成很大的环境污染。

(2) 规划目标

结合市区天然气管网规划，在采暖区划的基础上，为历史文化保护区提供充足的气源，满足居民炊事、采暖和生活热水等现代化居住的要求，改善大气环境质量。

(3) 规划原则

1) 历史文化保护区内的燃气供应的前提条件是安全可靠；

2) 燃气设施尽量做到不影响历史文化保护区风貌；

3) 鉴于保护区多为平房且胡同窄小，采暖和生活用气采用低压燃气，中压天然气管线尽量不进入平房区。

4) 调压装置应多样化，其形式可包括：调压站、调压箱、地下调压箱。

(4) 规划标准

具体标准见表 2.4。

(5) 规划方案

通过对历史文化保护区建筑物特点及燃气现状供应情况的分析，并结合北京市天然气发展总体规划，对 30 片历史保护区做出如下天然气管线规划方案：

历史文化保护区燃气规划指标表　　　表 2.4

项目名称	数量	单位
天然气低热值	35588	kJ/Nm^3
中压管线压力	0.4	MPa
民用建筑小时生活用气值	0.003	$Nm^3/(h \cdot m^2)$
民用建筑小时采暖用气值	0.007	$Nm^3/(h \cdot m^2)$
公共建筑小时生活用气值	0.004	$Nm^3/(h \cdot m^2)$
公共建筑小时采暖用气值	0.009	$Nm^3/(h \cdot m^2)$

1) 皇城

沿南北长街修建 *DN*200 中压管线；沿景山东街修建 *DN*400 中压管线。

2) 内城

阜成门内大街、西四北头条至八条：沿赵登禹路修建 *DN*300 中压管线；沿西四北大街修建 *DN*500 中压管线。

什刹海地区、南北锣鼓巷、张自忠路南北、国子监地区、东四三条至八条：沿新街口南北大街新建 *DN*500 中压管线，沿德胜门内大街新建 *DN*300 中压管线，沿鼓楼北大街新建 *DN*300 中压管线，沿鼓楼东大街新建 *DN*300～*DN*500 中压管线，沿雍和宫大街、东四北大街新建 *DN*500 中压管线，沿朝内北小街新建 *DN*500 中压管线。

东交民巷：周边燃气管线可以满足需要，不需新建管线。

3) 外城

大栅栏、鲜鱼口地区：沿前门大街新建 *DN*500 中压管线，沿正义路南延新建 *DN*500 中压管线，

法源寺：沿菜市口南大街新建 *DN*500 中压管线。

东西琉璃厂地区：周边燃气管线可以满足需要，不需新建管线。

6. 热力规划

(1) 现状情况

现状皇城、南长街、北长街、西华门大街、南池子、北池子、东华门大街、文津街、阜成门内大街、西四北一条至八条、东交民巷、东琉璃厂、西琉璃厂、法源寺等 13 片历史文化保护区周边有热力管线。从目前情况看，热力管网能进入的区域已经解决了供热问题。其中：东交民巷全部由城市热力供热。东琉璃厂、西琉璃厂、阜成门内大街、南池子、北池子、大栅栏、张自忠南为电采暖与热力结合供热。南北长街为燃气采暖与热力结合供热。

平安大街有 *DN*1000 现况热力管线；从平安大街沿西什库大街至大红罗厂有

DN600 现况热力管线；沿草岚子胡同至文津街有 DN500 现况热力管线；从文津街一直往南延至西长安街有现况 DN500 热力管线；东黄城根北街一直往南延至长安街有现况 DN500 管线；南池子至北池子有现况 DN400～DN450 热力管线；东华门大街有 DN300～DN400 管线；阜成门北大街、阜成门内大街均有现况 DN400 热力管线；台基厂大街和前门东大街有现况 DN500 热力管线，菜市口南大街有 DN1000 现况热力管线；南新华街正在随道路建设敷设 DN500 热力管线。

(2) 存在问题

历史文化保护区内部道路条件较差，宽度小于 9m 的胡同比例为 91%，宽度大于 9m 的胡同比例仅为 9%，基本不具备接入城市热力的条件。

历史文化保护区内的居民住户的建筑规模较小，不适合引入城市热力，对于联合建热力站、建站位置、规模、日后的维护、收费等问题都需要进一步研究。

(3) 规划目标

在保护历史文化区的整体风貌、保存历史遗存和原貌的条件下，本着保护北京大气环境的原则，力求完善历史文化保护区的城市供热系统，尽最大努力将热力管网延伸到每个所需的区域。真正实现热力人“送京城温暖，给首都蓝天”的口号。

(4) 规划原则

1) 历史文化保护区热力规划应以不破化历史文化保护区的传统风貌，改善保护区的供热条件、确保历史文化保护区的居民用上安全、稳定、高效的城市热力。

2) 建筑面积不低于 $2000m^2$ 的住宅区、写字楼、企事业单位、学校、医院等大型建筑，才可能接入城市热力。而在历史文化保护区中四合院多为独门独户，一个四合院的建筑面积最多也不过几百平米，热力站占地、管线进口等问题都很难落实，原则上不具备接城市热力的条件。因此城市热力的供应范围主要建立在现有热力管线的基础上，供应对象主要是保护区内的公共建筑。

3) 道路条件

从设计规范、技术条件和安全性等方面考虑，10m 以下的街道或胡同，均不宜安排热力管线。

(5) 规划标准

1) 根据《北京市区集中供热“九五”规划及 2010 年远景规划》确定的综合热指标以及近年来的实际运行状况，修订了供热规划指标。供热规划指标是以室外设计温度为－9℃和不同建筑室内需达到的温度制定的。供热指标包括建筑冬季采暖热指标和全年生活热水热指标。详见表 2.5。

针对历史文化保护区的实际情况，旧有建筑和平房占多数，因此指标应取上限值。

2) 配套设施

集中供热的热交换站可以单独设置或与建筑结合。若放置于建筑物中，可以放置于地下一层和二层，地上建筑二层内不属于居民住宅，所需建筑面积视具体建筑而定。

(6) 规划方案

1) 皇城

现况热力管线分布较多，可以在现状管线旁边接入一些具备条件的用户。沿西安门大街修建 DN500 热力管线，沿地安门内大街修建 DN400 热力管线。

2) 内城

阜成门内大街、西四北头条至八条：沿赵登禹路修建 DN800 热力管线；沿西四北大街修建 DN500 热力管线；

什刹海地区、南北锣鼓巷、张自忠路南北、国子监地区、东四三条至八条：沿新街口南北大街新建 DN800 热力管线；沿德胜门内大街新建 DN600 热力管

各类建筑供热指标　　表 2.5

建筑类型	室内设计温度(℃)	采暖热指标(W/m²)	生活热水指标(W/m²)
普通住宅	18	58～76	5.8
高级住宅	22	41～58	11.6
普通办公	18	58～76	5.8
综合商场	18	46～81	5.8
高档写字楼	20	46～76	11.7
宾馆饭店	22	64～81	17.4
大专院校	18	58～76	5.8
医疗机构	20	64～93	17.4
中小学	18	58～76	5.8
托幼园	20	64～81	11.6
科研院所	18	58～76	5.8

线；沿地安门外大街新建 *DN*400 热力管线；沿鼓楼东大街新建 *DN*400 热力管线；沿安定门内大街、交道口南大街新建 *DN*600 热力管线；沿东四北大街新建 *DN*500 热力管线；沿东内北小街、朝内北小街新建 *DN*600～*DN*800 热力管线。

东交民巷：周边燃气管线可以满足需要，不需新建管线。

3）外城

大栅栏、鲜鱼口、东西琉璃厂地区：沿前门大街新建 *DN*600 热力管线，沿南新华街新建 *DN*500 热力管线。

7. 通信规划

（1）现状情况

在北京市 30 片文保区内通信及有线电视传输设施基本采用架空杆路或沿墙敷设方式，基本上没有地下管道；网络设备大部分是采用杆上架空安装和墙壁明装。

现状电信局 17 座：东皇城根、东四、东单、天安门、光华长安、新世界、幸福大街、金鱼池、樱桃园、庄胜、厂甸、大成广场、业务楼、宗帽、长话、电报及西单电信局。

现状有线电视基站 8 座：中组部、双槐里、陶然居、右安门、海运仓、北河沿、电视服务部、崇文区图书馆。其中右安门为一级基站。其余为二级基站。

（2）存在问题

30 片文保区内通信网络的设备、光缆、电缆由于露天明装，安全系数低，故障率很高，缆线设备老化程度快。又由于胡同窄小，院内杂乱造成与电力线路的纵横交错，对网络的维护管理非常不利。

（3）规划目标

在保护现有历史文化风貌的前提下，力求实现通信设施规划有序，网络安全传输的目标，满足居民各种通信需求，实现信息现代化。

（4）规划原则

1. 保护区内宽于 10m 的街道改造建设为 12 孔管道；10m 宽以下的街道改造建设为 6 孔管道。保护区内所建弱点设备间及管道为通信公司与歌华有线联合建设，共同使用。其中弱电设备间使用面积应不小于 25m²。

2. 因环境条件所限，要打破常规，适当采用非标设计，采用新材料、新工艺，如设计特殊井型、新旧管材结合采用(水泥管块、钢管、塑料管及多孔格栅管），嵌入式设备箱等，即经济又适用。

3. 通信管道与煤气、电力管道的安全间距应保证。安全间距达不到的，应由市管委、规委协调，双方采取经过科学论证的技术保护措施。

4. 土建住宅改造设计应考虑弱电设施，同时设计、同时施工、同时竣工验收。

5. 道路改造应考虑配线管道与外部道路管线接入，如上同步进行。

6. 由于时间紧，旧有设施繁多、复杂，保护区内旧有配线管道未在图纸上标出。实施时应与设备产权单位联系并配合移改拆除。

（5）规划方案

1）外部规划方案

a. 皇城

沿府右街、西安门大街、景山前街修建36孔通信管道。

b. 内城

阜成门内大街、西四北头条至八条：沿阜成门内大街修建24孔通信管道，沿西四北四条修建24孔通信管道。

什刹海地区、南北锣鼓巷、张自忠路南北、国子监地区、东四三条至八条：沿鼓楼西大街修建36孔通信管道，沿雍和宫大街修建36孔通信管道。

东交民巷：分别沿南池子大街南延、前三门大街修建36孔通信管道。

c. 外城

大栅栏、鲜鱼口、东西琉璃厂地区：分别沿人大西侧路南延、前门大街、正义路南延修建24孔通信管道。

法源寺：沿菜市口大街修建48孔通信管道。

2）内部规划方案

分别沿历史文化保护区内部胡同修建通信管道，新建管道合计208沟·km。其中6孔管道163.1沟·km，12孔管道44.4沟·km，36孔管道0.5沟·km。弱点设备间58座。（详见表2.6）

3）站点规划方案

规划4个电信局：东直门、槐柏树、平安里及北京通信综合业务楼。

规划10个有线电视基站：新街口、安定门、朝阳门、福绥境、大栅栏、广内、天桥、天坛、东花市及建国门基站。

8. 消防规划

（1）现状情况

由于北京历史文化保护区形成于明清时期，又未按照现代城市安全的理念进行过系统改造，所以消防基础设施薄弱，火灾防范能力低，灭火设施严重不足，人员逃生受限，易造成火烧连营和群死群伤的恶性事故。

（2）存在问题

1）建筑的耐火等级低，多为四级，砖木结构为主，柱、梁、屋顶承重等构件为燃烧体，这样的构造承受火灾能力差，一旦失火容易坍塌，对扑救和救灾极为不利。

2）建筑毗连，布局不合理，逃生通道窄小，这样对火灾蔓延扩大势必造成严重后果。

3）火源多，日常生活使用明火，如炊事、取暖等，稍有不慎，极易发生火灾，居民宅院也不利于火灾的及早发现。

4）供电线路老化，耐火耐热性差，用电负荷超载现象严重，线路绝缘差，易漏电和短路。电器设备安装在可燃物上，使火灾发生的概率加大。

5）保护区的消防水源严重不足，仅有少量的室外消火栓，不能保证消防水量的供应，火灾自救能力差。

6）胡同窄小，没有消防车道，火灾扑救极为困难，易延误灭火时间。

7）消防站布点稀疏，不能保证消防车尽快到达事故现场。

（3）规划目标

历史文化保护区应建设成最具历史文化特色的区域，大体保留原格局。应通过技术手段，提高设防等级，增加必备的基础设施，保证不至于造成因火灾而毁于一旦和发生群死群伤的恶性事故。

历史文化保护区内通信管道工程量表　　表 2.6

序号	地点	6孔(沟·km)	12孔(沟·km)	弱点设备间(座)
1	西四头条至八条	15.0	2.0	2
2	阜成门内大街	6.0	6.0	5
		36孔管道0.5沟·km		
3	什刹海	32.0	8.0	5
4	南锣鼓巷	12.0	2.0	4
5	国子监	13.0	4.0	6
6	东四三条至八条	9.0		2
7	东交民巷	0.1	5.0	3
8	大栅栏	11.0	3.0	2
9	东琉璃厂	3.0	0.1	2
10	西琉璃厂	3.0		2
11	鲜鱼口	9.0	4.0	3
12	法源寺	2.0	1.0	1
13	北锣鼓巷	9.0	1.0	3
14	张自忠路北	5.0		3
15	张自忠路南	6.0		2
16	景山八片	8.0	3.0	4
17	南北长街	4.0		2
18	北池子	3.0	0.3	2
19	南池子	5.0		3
20	皇城	8.0	5.0	2
21	小计	163.1	44.4	58
22	合计	208.0		

(4) 规划原则

1) 提高建筑的耐火等级，允许新建的建筑，其耐火等级应为一、二级，古建和仿古建应采取防火处理。

2) 减少火灾的危险源，对用火、用电设施进行全面改造。

3) 建筑物的防火间距应予考虑，控制建筑密度，或者采取技术措施。

4) 解决消防水源问题，结合市政上水工程增设室外消火栓。室外消火栓间距应满足相邻两个消火栓水枪的充实水柱同时达到保护区的任何部位，消防用水量应满足生活用水量最大时不小于10L/s。室外消火栓以便于操作为原则。另外，保护区内的水系建设应考虑作为消防天然水源的技术条件，应设立消防车的取水码头或取水口，且应采取防冻等保护措施。

5) 合理考虑消防车的通道，解决好车辆通行和停车的问题。

(5) 规划方案

1) 消防队站建设和适应灭火的车辆对保护区非常重要应，进一步加强消防队站的建设。2005 年之前建成金宝街、金融街、校场口、珠市口、天安门 5 个消防队站；2008 年之前建成地安门、沙滩、王府井、西四、新华街、白纸坊、红桥7个消防队站。

2）考虑到历史文化保护区胡同宽度窄的特点，结合消防队站建设，配置小型化的消防设备，例如购买小型车辆等。

3）结合供水规划，落实消防水源问题，严格按照规范布置室外消火栓。

三、分报告二：
北京旧城历史文化保护区市政基础设施工程综合布置和技术标准的研究

(一) 城市市政工程在规划设计、建设管理审批中的依据

1. 城市市政各专业工程的设计规范。道路、排水、燃气、供电、供水、电信、供热等。

2. 城市工程管线综合规划规范(国家标准 1999—5—1 实施)表 3.1、表 3.2、表 3.3(最小垂直净距表、最小水平净距表、最小覆土要求)

3. 根据建筑用地规划方案、周边道路交通系统规划、市政基础设施各专业管网系统的现状及规划，综合研究后进行安排。

工程管线交叉时的最小垂直净距(m) **表 3.1**

序号	序　号		1	2	3	4	5		6	
	管线名称		给水管线	雨污水排水管线	热力管线	燃气管线	电信管线		电力管线	
							直埋	管块	直埋	管沟
1	给水管线		0.15							
2	雨污水排水管线		0.40	0.15						
3	热力管线		0.15	0.15	0.15					
4	燃气管线		0.15	0.15	0.15	0.15				
5	电信管线	直埋	0.50	0.50	0.15	0.50	0.25	0.25		
		管块	0.15	0.15	0.15	0.15	0.25	0.25		
6	电力管线	直埋	0.15	0.50	0.50	0.50	0.50	0.50	0.50	0.50
		管沟	0.15	0.50	0.50	0.15	0.50	0.50	0.50	0.50
7	沟渠(基础底)		0.50	0.50	0.50	0.50	0.50	0.50	0.50	0.50
8	涵洞(基础底)		0.15	0.15	0.15	0.15	0.20	0.25	0.50	0.50
9	电车(轨底)		1.00	1.00	1.00	1.00	1.00	1.00	1.00	1.00
10	铁路(轨底)		1.00	1.20	1.20	1.20	1.00	1.00	1.00	1.00

工程管线的最小覆土深度(m) **表 3.2**

序　号		1		2		3		4	5	6	7
管　线　名　称		电力管线		电信管线		热力管线		燃气管线	给水管线	雨水排水管线	污水排水管线
		直埋	管沟	直埋	管沟	直埋	管沟				
最小覆土深度(m)	人行道下	0.50	0.40	0.70	0.40	0.50	0.20	0.60	0.60	0.60	0.60
	车行道下	0.70	0.50	0.80	0.70	0.70	0.20	0.80	0.70	0.70	0.70

工程管线之间及其与建(构)筑物之间的最小水平净距(m) **表 3.3**

序号	管线名称	1	2		3	4					5		6		7		8	9	10			11	12
		建筑物	给水管		污水雨水排水管	燃气管					热力管		电力电缆		电信电缆		乔木	灌木	地上杆柱			道路侧石边缘	铁路钢轨（或坡脚）
			$d\leqslant$200mm	$d>$200mm		低压	中压		高压		直埋	地沟	直埋	缆沟	直埋	管道			通信照明及<10kV	高压铁塔基础边			
							B	A	B	A										≤35kV	>35kV		
1	建筑物		1.0	3.0	2.5	0.7	1.5	2.0	4.0	6.0	2.5	0.5	0.5		1.0	1.5	3.0	1.5	*				6.0
2	给水管 $d\leqslant$200mm	1.0			1.0	0.5			1.0	1.5	1.5		0.5		1.0		1.5		0.5	0.3		1.5	
	给水管 $d>$200mm	3.0			1.5																		
3	污水、雨水排水管	2.5	1.0	1.5		1.0	1.2		1.5	2.0	1.5		0.5		1.0		1.5		0.5	1.5		1.5	
4	燃气管 低压 $p\leqslant$0.05MPa	0.7	0.5		1.0	$DN\leqslant$300mm					1.0		0.5		0.5	1.0	1.2		1.0	1.0	5.0	1.5	5.0
	燃气管 中压 0.005MPa< $p\leqslant$0.2MPa	1.5			1.2						1.0	1.5											
	燃气管 中压 0.2MPa< $p\leqslant$0.4MPa	2.0				0.4																	
	燃气管 高压 0.4MPa< $p\leqslant$0.8MPa	4.0	1.0		1.5	$DN>$300mm					1.5	2.0	1.0		1.0							2.5	
	燃气管 高压 0.8MPa< $p\leqslant$1.6MPa	6.0	1.5		2.0	0.5					2.0	4.0	1.5		1.0								
5	热力管 直埋	2.5	1.5		1.5	1.0	1.0		1.5	2.0			2.0		1.0		1.5		1.0	2.0	3.0	1.5	1.0
	热力管 地沟	0.5					1.5		2.0	4.0													
6	电力电缆 直埋	0.5	0.5		0.5	0.5	0.5		1.0	1.5	2.0				0.5		1.0		0.6			1.5	3.0
	电力电缆 缆沟																						
7	电信电缆 直埋	1.0	1.0		1.0	0.5			1.0	1.5	1.0		0.5		0.5		1.0	1.0	0.5	0.6		1.5	2.0
	电信电缆 管道	1.5				1.0											1.5						
8	乔木（中心）	3.0	1.5		1.5	1.2					1.5		1.0		1.0	1.5			1.5			0.5	
9	灌　木	1.5													1.0								
10	地上杆柱 通信照明及<10kV	*	0.5		0.5	1.0					1.0		0.6		0.5		1.5					0.5	
	地上杆柱 高压铁塔基础边 ≤35kV		3.0		1.5	1.0					2.0				0.6								
	地上杆柱 高压铁塔基础边 >35kV					5.0					3.0												
11	道路侧石边缘		1.5		1.5	1.5			2.5		1.5		1.5		1.5		0.5		0.5				
12	铁路钢轨（或坡脚）	6.0	5.0								1.0		3.0		2.0								

(二)关于北京旧城历史文化保护区市政基础设施工程综合布置和技术标准的研究

1. 4～10m宽度胡同市政管线布置方案

经课题组研究，并征求规划、设计、管理及规范制定部门意见，提出历史文化保护区内4～10m宽度胡同的管线布置方案，见图3.1～图3.4。如果管线之间的间距不能满足图示规范，须采用新技术、新材料、新工艺等特殊措施，参见下一节。

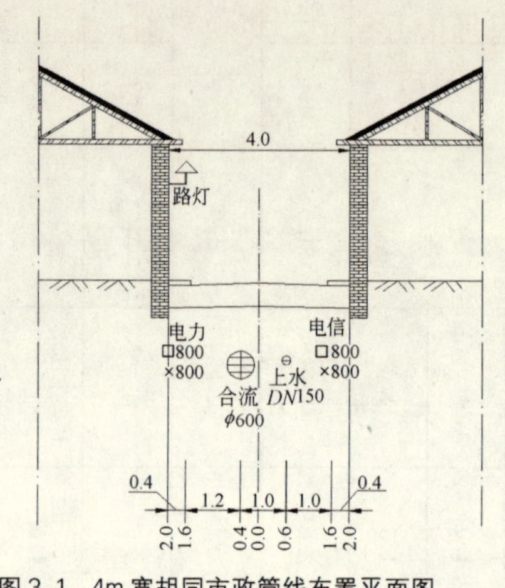

图3.1　4m宽胡同市政管线布置平面图

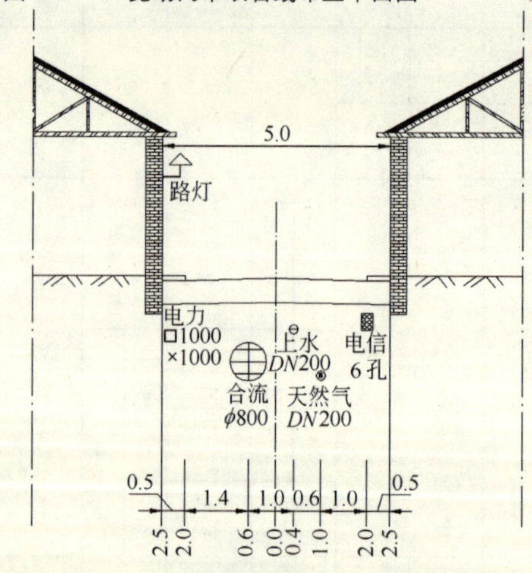

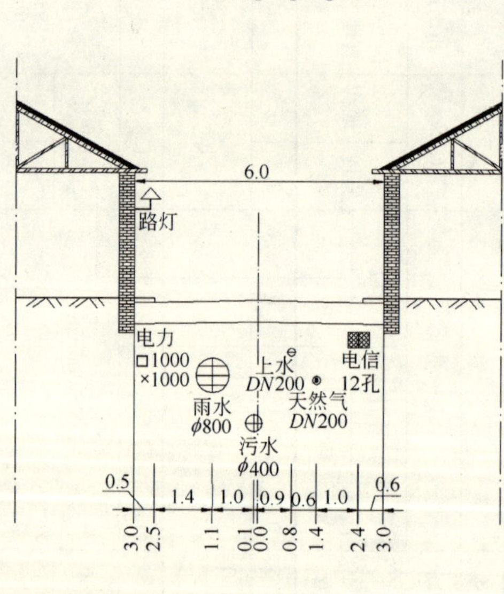

图3.2　5～6m宽胡同市政管线布置平面图

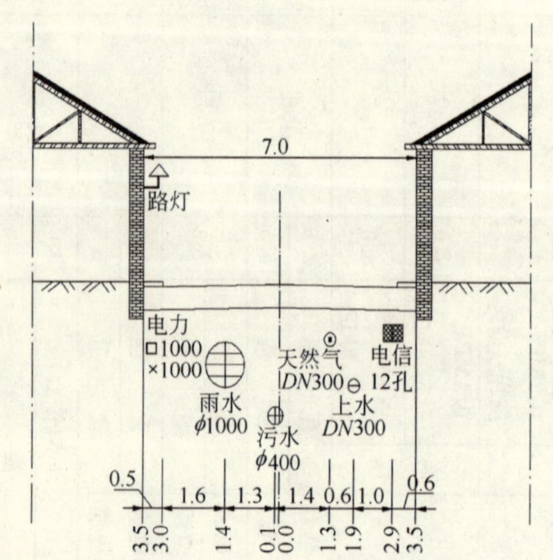

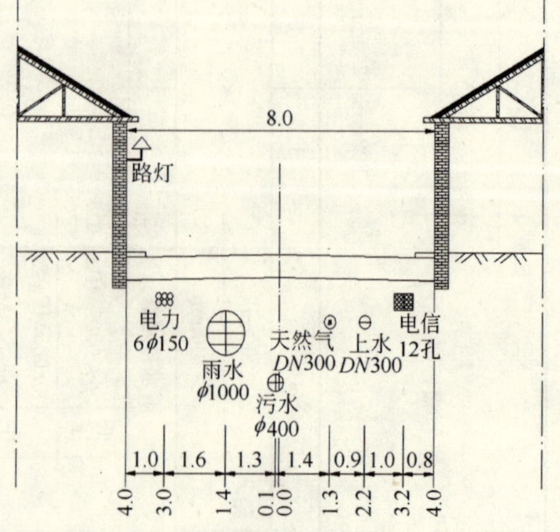

图3.3　7～8m宽胡同市政管线布置平面图

2. 历史保护区市政工程采用新材料、新技术的情况

(1) 排水(雨水、污水)

1) 非标检查井设计

在一般胡同中雨污水流域面积较小，管径也不大，常规圆形检查井(雨水PT02-Y01-Y08，污水PT03-Y01-Y08)，可以满足支户线接入、转弯等检查井功能的要求。

在历史保护区较窄胡同中，井室的内径需根据条件适当减少。非标准检查井设计既要保证管道结构安全又要满足管理维护的要求。减少检查井的外型尺寸(包括井室尺寸和井墙结构厚度)为综合安排其他管线创造条件。井室的内径尺寸与管道埋深相关：

在排水管道管顶覆土≤0.7m(或管道埋深≤1m)，且下游管道管径≤400mm的情况，可采用ϕ700圆形检查井。

在排水管道管顶覆土≥0.7m(或管道埋深≥1m)，且下游管道管径≥400mm的情况，宜按标准图集选用ϕ900或大于ϕ900的圆形检查井。

非标准检查井的其他形式：长方形或椭圆形井型。井室顺水流方向为井室的长边或长轴，长度宜≥900mm，垂直水流方向为井室的短边或短轴，长度宜≥700mm。针对有带水维修要求的污水管，还必须要求支户线应顶平接入，不得跌落接入。

检查井井墙厚度取决于井室结构，采用钢筋混凝土结构较传统标准图砖砌井墙厚度有所减少(大小根据具体工程情况由结构设计确定)。

钢筋混凝土检查井可分为现浇混凝土井和预制装配式混凝土井。非标准设计中的长方形检查井适合现浇混凝土施工，而椭圆形检查井适合预制装配的施工方式，见图3.5。

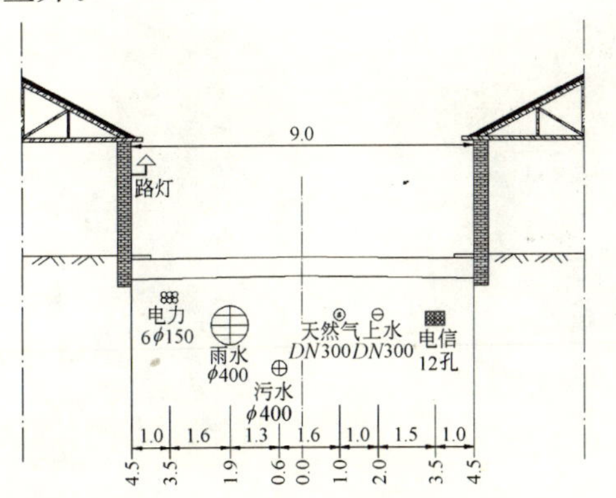

图3.4 9～10m宽胡同市政管线布置平面图

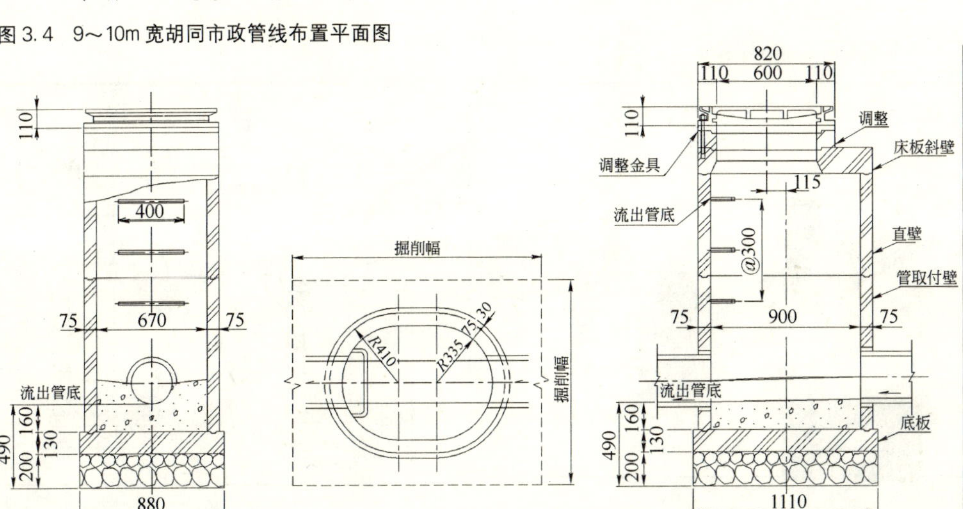

图3.5 椭圆型检查井示意图

2）雨污分流的措施

减少雨污水管道的水平间距是通过采用小型检查井来实现的，还可以通过减少管线解决，如在平行距离较近的胡同分别布设雨污水管线分别排放。在特定的地形条件下雨水采用边沟排水或地表径流排放，胡同内只安排污水管，为其他管线留出空间（这种措施的前题是建筑规划要保证院落高于胡同）（见图 3.6）。

3）特殊地段的处理方法

对于雨、污水必须分流，但道路宽度有限的局部路段，将雨污水检查井放置在同一路由上，使投影方向的雨污水管外结构净尺寸尽量减少到最小，竖向高程上雨污水管结构相错开，以满足支户线接入的交叉要求。污水管置于下，雨污水检查井错开布设，污水检查井中套有雨水管，雨水管需保证结构安全。雨污水管可采用高强度的高分子聚合材质的管材（如硬聚氯乙烯［UPVC］、双螺纹排水用塑料管），管道外径小，且抗腐蚀。又因摩阻系数低，管径可减小。采用柔性接口，砂基础，可减少工程占地，易于狭窄胡同的施工，见图 3.7。

4）现况合流制排水系统的改造

在道路狭小，实施困难的胡同中，采用灵活多样的形式，按规划目标分阶段、分步骤进行。现阶段利用现况合流旧沟，或维持原有的合流制排水系统，在接入干线前实施雨污分流。待新技术、新方法开发成熟后，实现雨污水分流的远景规划。

目前截流井形式是在合流管排入雨水干线前一检查井内设置截流槽，并另设置截流管将截流槽与污水干线接顺。

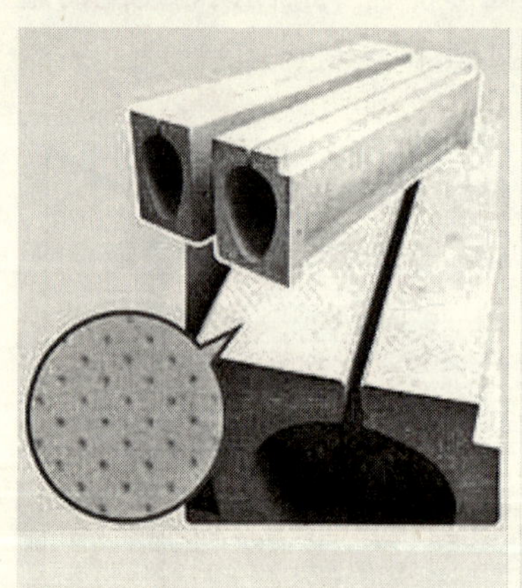

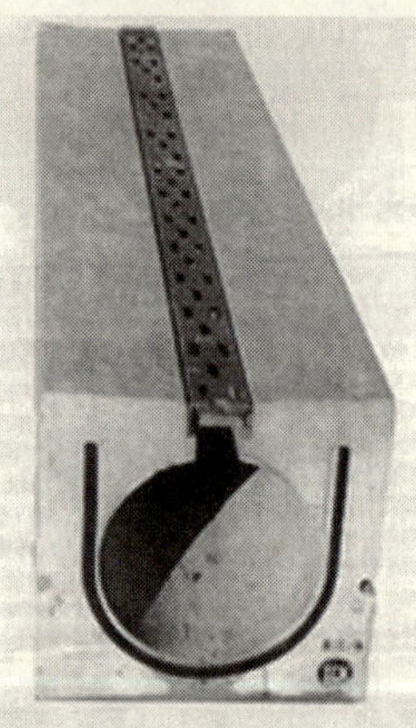

图 3.6　预制装配式排水边沟图

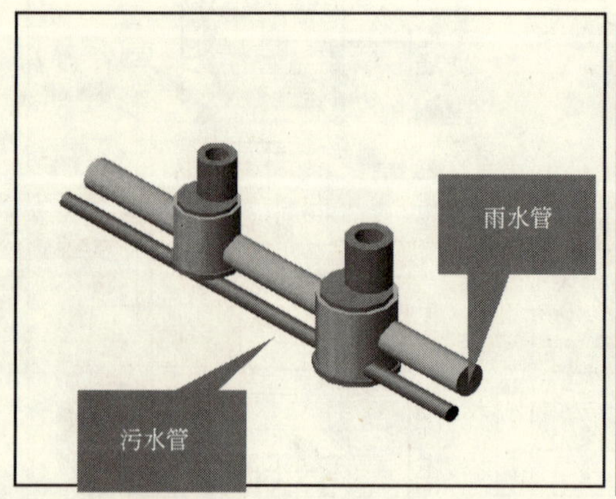

图 3.7　特殊地段检查井示意图

截流槽低于合流管的管底，保证非雨天时，污水全部截流入污水干线内。在雨天时，超过截流倍数的合流污水通过雨水干线排入水体，其污染物已被稀释了，见图3.8、图3.9。

5）新型管道材料

雨污水管道可采用高强度的高分子聚合材质的管材（如硬聚氯乙烯［UP-VC］、双螺纹排水用塑料管），这种管材管道外径小，耐腐蚀。同时摩阻系数低，可减小管径。采用柔性接口，砂基础，可减少工程占地便于狭窄的胡同施工。

（2）供水

在历史保护区中，给水管道附件如：闸门、消火栓等在满足设计条件的情况下直接砌筑井室。在无法满足设计条件的情况下砌筑井室的方法由原来的圆井形式改为长方形。

在较窄的胡同，为了减小管道之间的水平间距，将设置井室改为设置闸管。并采用免维修、产品质量较好的新型闸门，详见图3.10。

（3）电信（含有线电视及所有弱电系统管线）

在历史保护区内为改善提高保护区内的生活、环境质量及通信设施的现代化，需要将架空线路改入地下，将架空交接设施改入弱电设备间。达到三网（电话、电视、宽带）传输线路全部地下敷设，交接设备入弱电间，线路交接点为人孔及嵌入式弱电箱，院内线路暗管敷设。新型人孔及手孔见图3.11。

保护区内宽于10m的街道改造建设为12孔管道；10m宽以下的街道改造建设为6孔管道。

保护区内所建弱电设备间及管道为通信公司与歌华有线联合建设，共同使用。

（1）因环境条件所限，打破常规，采用非标准设计，尽量减小电信管道与其他管线的净距，见表3.4。

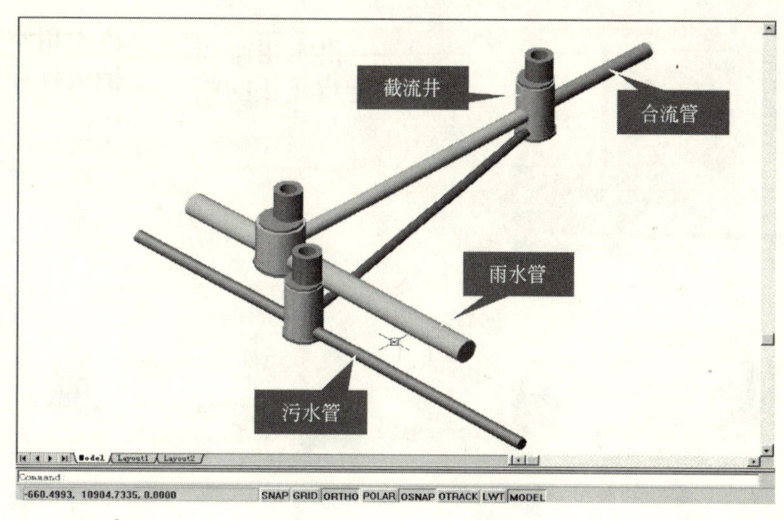

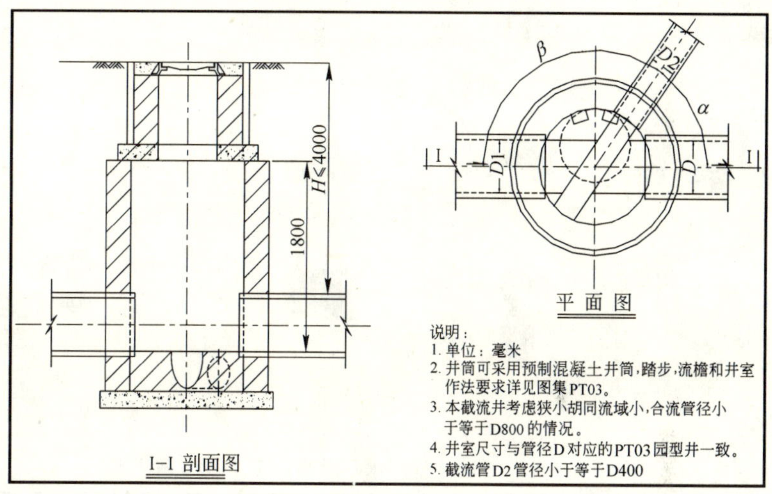

图3.8　合流管截流示意图

图3.9　截流井示意图

采用新材料、新工艺，如设计特殊井型、新旧管材结合采用（水泥管块、钢管、塑料管及多孔格栅管），嵌入式设备箱等。

（2）电信管道与煤气、电力管道的安全间距应保证。

（3）保护区建筑改造设计应考虑弱电设施，同时设计、同时施工、同时竣工验收。院内线路暗管敷设，可达到一般住宅楼标准。（见图3.12、表3.5、表3.6）。

（4）供电、路灯在历史保护区具体布置和技术标准

1）采用电缆方式供电的突出问题在于胡同窄小，地下管线较多电缆敷设较困难。由于地理条件的限制，按标准

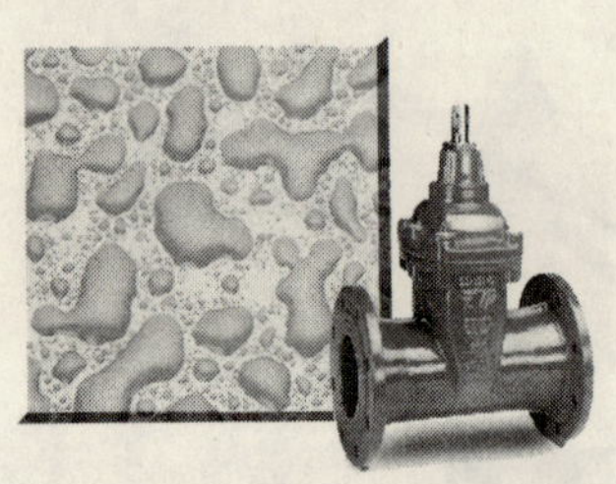

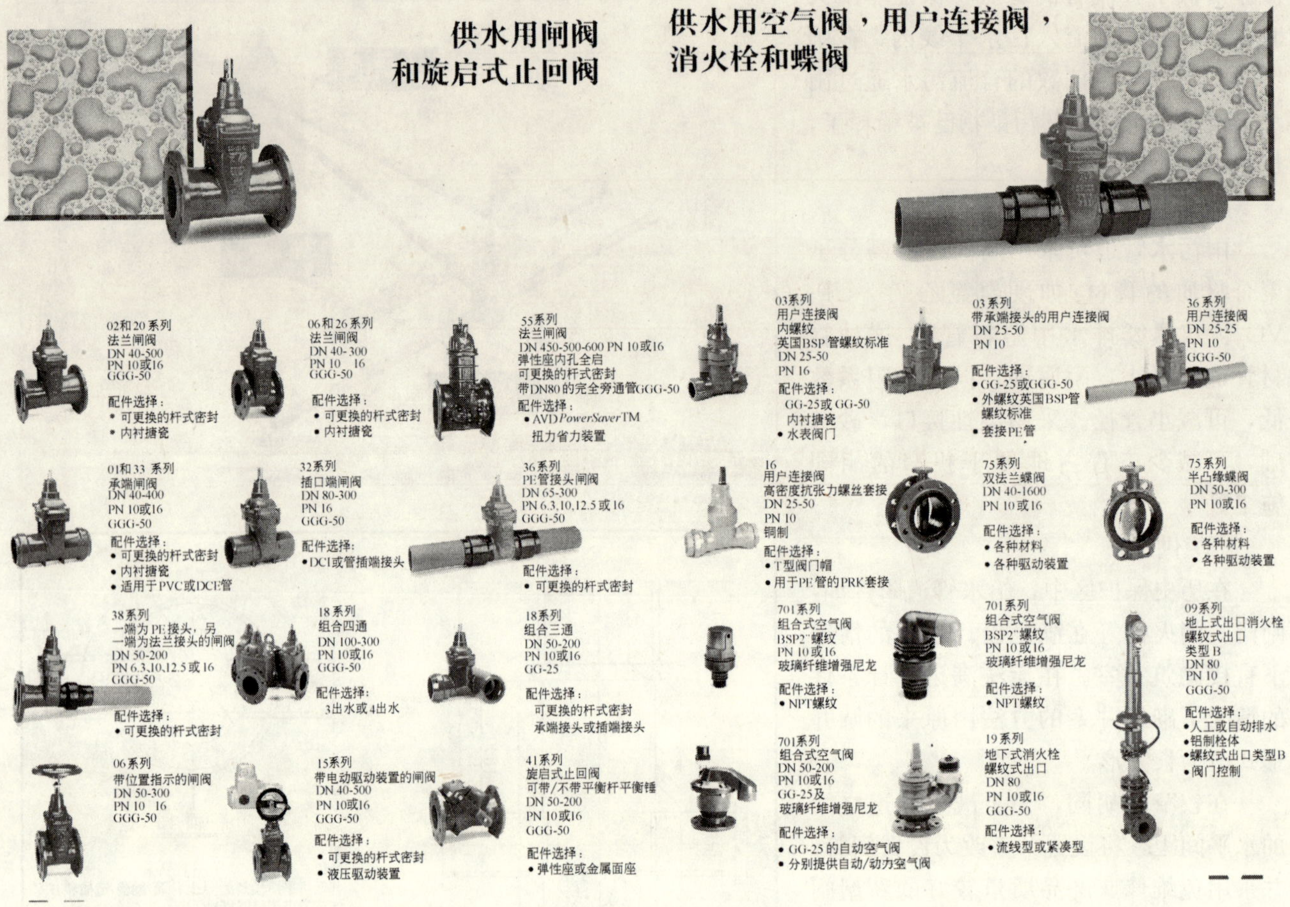

供水用闸阀
和旋启式止回阀

供水用空气阀，用户连接阀，
消火栓和蝶阀

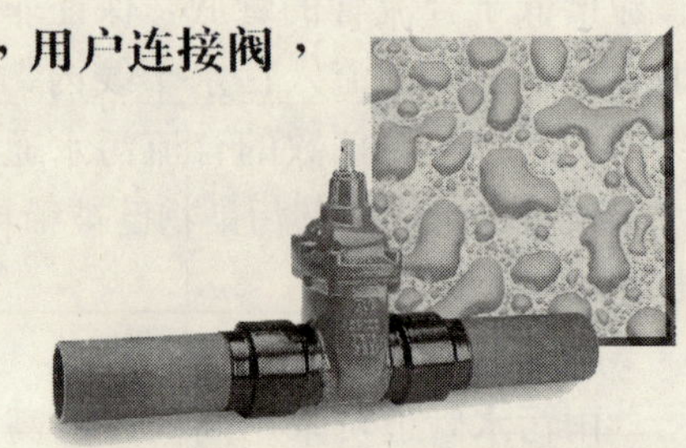

02和20系列
法兰闸阀
DN 40-500
PN 10或16
GGG-50
配件选择：
• 可更换的杆式密封
• 内衬搪瓷

06和26系列
法兰闸阀
DN 40-300
PN 10　16
GGG-50
配件选择：
• 可更换的杆式密封
• 内衬搪瓷

55系列
法兰闸阀
DN 450-500-600 PN 10或16
弹性座内孔全启
可更换的杆式密封
带DN80的完全旁通管GGG-50
配件选择：
• AVD *PowerSaver*TM
扭力省力装置

03系列
用户连接阀
内螺纹
英国BSP管螺纹标准
DN 25-50
PN 16
配件选择：
GG-25或GG-50
内衬搪瓷
• 水表阀门

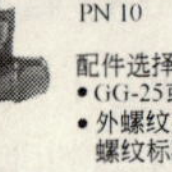

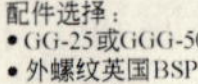

03系列
带承端接头的用户连接阀
DN 25-50
PN 10
配件选择：
• GG-25或GGG-50
• 外螺纹英国BSP管螺纹标准
• 套接PE管

36系列
用户连接阀
DN 25-25
PN 10
GGG-50

01和33 系列
承端闸阀
DN 40-400
PN 10或16
GGG-50
配件选择：
• 可更换的杆式密封
• 内衬搪瓷
• 适用于PVC或DCE管

32系列
插口端闸阀
DN 80-300
PN 16
GGG-50
配件选择：
• DCI或管插端接头

36系列
PE管接头闸阀
DN 65-300
PN 6.3,10,12.5或16
GGG-50
配件选择：
• 可更换的杆式密封

16
用户连接阀
高密度抗张力螺丝套接
DN 25-50
PN 10
铜制
配件选择：
• T型阀门帽
• 用于PE管的PRK套接

75系列
双法兰蝶阀
DN 40-1600
PN 10或16
配件选择：
• 各种材料
• 各种驱动装置

75系列
半凸缘蝶阀
DN 50-300
PN 10或16
配件选择：
• 各种材料
• 各种驱动装置

38系列
一端为PE接头，另一端为法兰接头的闸阀
DN 50-200
PN 6.3,10,12.5或16
GGG-50
配件选择：
• 可更换的杆式密封

18系列
组合四通
DN 100-300
PN 10或16
GGG-50
配件选择：
3出水或4出水

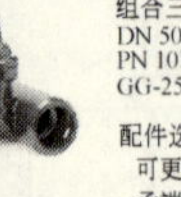

18系列
组合三通
DN 50-200
PN 10或16
GG-25
配件选择：
可更换的杆式密封
承端接头或插端接头

701系列
组合式空气阀
BSP2"螺纹
PN 10或16
玻璃纤维增强尼龙
配件选择：
• NPT螺纹

701系列
组合式空气阀
BSP2"螺纹
PN 10或16
玻璃纤维增强尼龙
配件选择：
• NPT螺纹

09系列
地上式出口消火栓
螺纹式出口
类型 B
DN 80
PN 10
GGG-50
配件选择：
• 人工或自动排水
• 铝制栓体
• 螺纹式出口类型B
• 阀门控制

06系列
带位置指示的闸阀
DN 50-300
PN 10　16
GGG-50

15系列
带电动驱动装置的闸阀
DN 40-500
PN 10或16
GGG-50
配件选择：
• 可更换的杆式密封
• 液压驱动装置

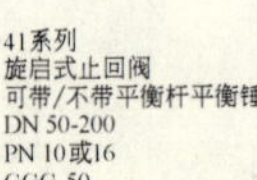

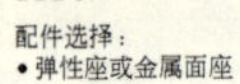

41系列
旋启式止回阀
可带/不带平衡杆平衡锤
DN 50-200
PN 10或16
GGG-50
配件选择：
• 弹性座或金属面座

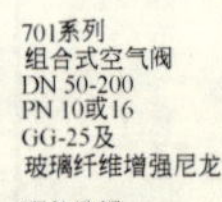

701系列
组合式空气阀
DN 50-200
PN 10或16
GG-25及
玻璃纤维增强尼龙
配件选择：
• GG-25的自动空气阀
• 分别提供自动/动力空气阀

19系列
地下式消火栓
螺纹式出口
DN 80
PN 10或16
GGG-50
配件选择：
• 流线型或紧凑型

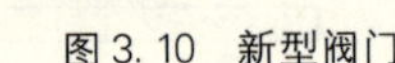

图3.10　新型阀门

XBGS型耐水不燃高强度手孔（覆土型）

序号	型号	内腔净尺寸 长×宽×高 (mm)	外形尺寸 长×宽×高 (mm)	箱口尺寸 (mm)	挖坑尺寸 长×宽×高 (mm)	备　注
1	XBGS-A	1400×1000×1200	1530×1150×1360	860×600	2500×1400×2000	可采用硅芯管规格： $\phi28/\phi34$ $\phi33/\phi40$ $\phi38/\phi46$ $\phi41/\phi50$
2	XBGSF-B	1400×1000×1450	1530×1150×1600	860×600	2500×1400×2200	

XBGF型

XBGP型耐水不燃高强度入孔(普通型)(配铸铁井盖、井圈)

序号	型号	内腔净尺寸 长×宽×高 (mm)	外形尺寸 长×宽×高 (mm)	箱口尺寸 (mm)	挖坑尺寸 长×宽×高 (mm)	备　注
1	XBGP-A	1600×1200×1450	1800×1400×1800	$\phi640$	2800×1700×1800	可采用硅芯管、PVC管、波纹管等规格： $\phi28/\phi34$ $\phi33/\phi40$ $\phi38/\phi46$ $\phi41/\phi50$ $\phi90$ $\phi100$
2	XBGP-B	1600×1200×1600	1800×1400×1950	$\phi640$	2800×1700×1950	

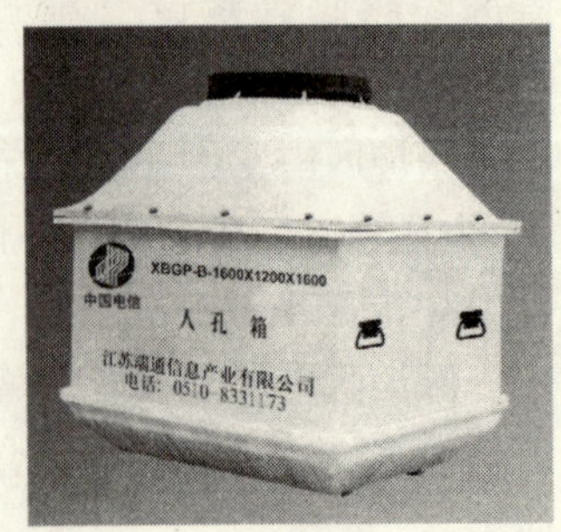

XBGP型

图3.11　新型人孔及手孔(一)

XBGS 型耐水不燃高强度手孔

序号	型号	内腔净尺寸 长×宽×高 (mm)	外形尺寸 长×宽×高 (mm)	箱口尺寸 (mm)	挖坑尺寸 长×宽×高 (mm)	备　注
1	XBGS-A	1000×1000×900	1080×1080×970	1000×1000	2050×1400×970	可使用各种管材，具体根据用户要求
2	XBGS-B	1500×1000×900	1580×1080×970	1500×1000	2500×1400×970	

XBGS 型

图 3.11　新型人孔及手孔(二)

电信管道和其他地下管线及建筑物间的最小净距(m)　　　　表 3.4

其他地下管线及建筑物名称		平行净距	交叉净距
给水管	300mm 以下	0.5	0.15
	300～500mm	1.0	
	500mm 以上	1.5	
排水管		1.0①	0.15②
热力管		1.0	0.25
煤气管	压力≤300kPa(压力≤3kg/cm²)	1.0	0.3③
	300kPa<压力≤800kPa	2.0	
电力电缆	35kV 以下	0.5	0.5④
	35kV 及以上	2.0	
其他通信电缆⑤		0.75	0.25
绿化	乔木	1.5	
	灌木	1.0	
地上杆柱		0.5～1.0	
马路边石		1.0	
电车路轨外侧		2.0	
房屋建筑红线(或基础)		1.5	

① 主干排水管后敷设时，其施工沟边与管道间的水平净距不宜小于 1.5m；

② 当管道在排水管下部穿越时，净距不宜小于 0.4m，通信管道应作包封，包封长度自排水管两端各加长 2m；

③ 在交越处 2m 范围内，煤气管不应做接合装置和附属设备；如上述情况不能避免时，电信管道应作包封 2m；

④ 如电力电缆加保护管时，净距可减至 0.15m；

⑤ 其中其他通信电缆有线电视平行净距与交叉净距均为 0.1m。

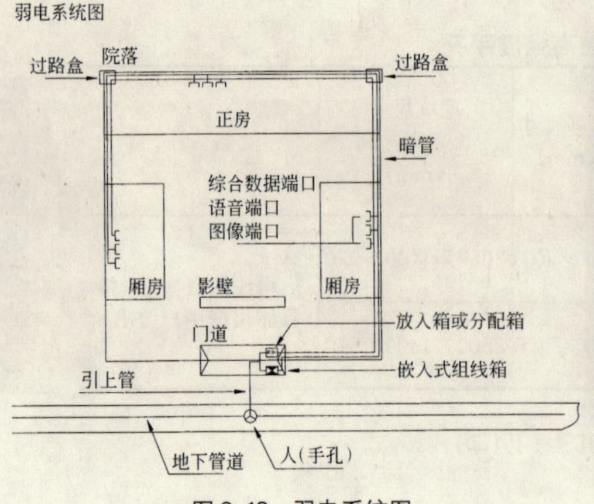

图 3.12 弱电系统图

图 3.13 山西平遥古城路灯

规范设计施工难度较大，应在原有电缆施工规范的基础上因地制宜，有所突破，探讨适合在胡同中运用的新模式，采用非标准的异型电缆人孔井等新工艺。工井组装如图 3.16 所示。

2）电缆管线与其他管线最小水平距离尽量满足电缆运行和设计规程中的要求，特殊情况可以适当突破，保证距离最低限(0.5m)的要求。

3）电缆靠近房基敷设时，其埋深不宜超过房屋基础深度。

自来水紧邻电力管线侧，然后依次布置雨水、污水、燃气等。

4）强弱电分开布置(10kV、1kV 电缆可以进管井)，电缆管管径选用直径 125mm(开闭站外电源除外)，管材采用新型水泥管或玻璃钢管，考虑电缆管线的散热和管材防污水腐蚀问题。

电信暗管与其他管线最小净距表(mm) **表 3.5**

其他管线相互关系	电力线路	压缩空气管	给水管	热力管(包封)	热力管(不包封)	煤气或天然气管
平行净距(mm)	150	150	150	150	300	300
交叉净距(mm)	50	20	20	300	500	20

有线电视暗管与其他管线最小净距表(mm) **表 3.6**

其他管线	电 力	给 水	热 力	煤 气
平行净距(mm)	150	150	300	300
交叉净距(mm)	50	20	300	20

5）关于电缆管井井室，可以研究和讨论采用玻璃钢等新型材料井室的可行性。

6）路灯一般提供 10kV 电源，由路灯箱变出专路低压线供路灯使用。路灯箱的设置尽量与区内配电箱结合。无条件地区由供电系统提供专用低压线，路灯安装控制箱，解决路灯专用电源。每一电源点的供电半径为 500m 左右。路灯电缆宜采用直埋方式，可采用一些新工艺接线方式保证安全供电。

7）路灯灯型可选用庭院灯、墙灯、门灯多种形式，灯具应安全可靠美观，检修方便，因地制宜，风格与保护区风貌协调。如图 3.13～图 3.14 所示。

(5) 燃气

历史文化保护区多为平房且胡同窄小、建筑物较密集，参照《城镇燃气设计规范》，针对上述情况，在设计、实施中存在如下问题：

1）燃气管线与相邻管线水平净距不满足规范问题。

2）阀室、调压柜(站)位置安全间距问题。

供气解决办法：

a. 划定采用电采暖的区域，胡同窄小的地段用电能采暖，炊事用瓶装液化

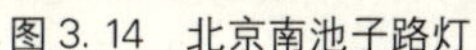

图 3.14　北京南池子路灯

石油气。

b. 划定采用热力采暖的区域，具备条件的可以敷设天然气管线供应炊事用气，无法满足敷设天然气管线的，采用瓶装液化石油气。

c. 采用天然气采暖的区域，主要使用燃气壁挂采暖炉采暖。为了保证用气安全，应采用一户一表，燃气表采用卡式表。

d. 壁挂炉及燃气设施应安装在有直接对外门窗的、通风良好的、便于燃气管道引入的橱房。燃气管线与相邻管道之间的水平净距如表 3.7。

从表中可以看出，燃气管道与相邻雨污水管道及电力水平净距，均不满足规范要求，按市规委［2002］271 号会议纪要要求，采取措施后，除 10m 宽胡同外，其余胡同的燃气管线与雨污水管及 6m 胡同中与电力的水平净距仍不能满足要求。

管线、管材采取的措施：

(1) 降低天然气管道的压力，减小安全距离要求。保护区内燃气主要用于居民炊事及采暖，使用低压燃气。调压柜(站)在保护区外围设置。

(2) 采取下面 3 条技术措施后，可采用表中括号内的数字。

技术措施：1)在理论计算值的基础上，增加管壁厚度；

2) 焊口 100％无损探伤。

3) 提高防腐等级。

除 10m 宽胡同外，其余胡同的燃气管线与雨污水管及 6m 宽胡同内燃气管线与电力之间的水平净距，仍不满足规范要求也不满足市规委［2002］271 号会议纪要的要求。针对北京旧城历史保护区，课题组研究了一个初步意见。

1) 对于钢管：在采取上述 3 条技术措施，并管道做闭水试验，提高其安全性后，将燃气管线与雨污水管线净距减小至 0.5m。

燃气管线与相邻管道之间水平净距表(m)　　**表 3.7**

胡同宽度 m	与相邻管道的水平净距(m)					
	上水		雨、污水		电力	
	实际	规范	实际	规范	实际	规范
4			0.5	1.2(1.0)	0.4	1.0(0.3)
5			0.5	1.2(1.0)	0.4	1.0(0.3)
6			0.7	1.2(1.0)	0.2	1.0(0.3)
7	0.75	0.5(0.3)	0.65	1.2(1.0)		
8	0.9	0.5(0.3)	0.65	1.2(1.0)		
9	1.2	0.5(0.3)	0.75	1.2(1.0)		
10	1.2	0.5(0.3)	1.15	1.2(1.0)		

注：表中括号中数字为市规委〔2002〕271 号会议纪要中采取措施后可减小到的安全净距。

2) 对于PE管：在采取以下措施后，可执行同钢管的净距。

(1) 低压管线采用中压管线适用的SD-R11管材(相当于增加管壁厚度，增幅为60%)；

(2) 焊口接头处采用电熔管件；

(3) 尽量采用盘管以减少焊口，要求雨污水管道做闭水试验。

调压柜(站)位置安全间距问题解决办法：保护区胡同比较窄小，阀室设置无法采用常规的钢闸井(尺寸较大一般2m×3m)，因此在保护区内钢管拟采用直埋阀门，以节省占地。

由于胡同中管线位置尚很紧张，更无阀室、调压柜位置，即使采用非标准设备，调压柜(站)仍有与周围建、构筑物水平净距的要求和景观要求。

1) 需要在进行历史文化保护区规划时，首先提出确定调压站或调压柜的安装位置。

2) 流量较小的调压箱可挂在实体墙上，具体安装位置及其与门、窗、洞的净距按规范要求执行。

3) 根据规范要求：流量较大的地上调压站与其他建、构筑物水平净距为6.0m，地上调压柜为4.0m，且地上调压柜(站)有与周围建筑风格及景观要协调统一的问题。

4) 地下调压箱与建筑物的水平净距规范要求为3.0m，不影响地上景观。针对文化保护区对建筑风格及景观要求较高，用地较紧张的情况，故拟在保护区内尽量采用地下调压箱，其放散管设置按规范要求并结合周围建、构筑物情况。(见图3.15)

5) 调压柜(箱)与建筑物的水平净距尽量按规范要求执行，在由于文保区条件所限，不能满足规范要求时，提出关于减小调压柜(箱)与建筑物的水平净距的具体意见：地上调压柜与建(构)筑物的水平净距为3m，地下调压箱与建(构)筑物的水平净距为2m。

(6) 供热

目前热力管线采用直埋技术，管道及其附属设备敷设占地面积小，最大限度地减少甚至完全取消系统中的补偿和相应的小室以及固定支架，从而降低整体工程的投资，加快施工进度，提高管网系统的安全性。直埋保温管采用三位一体的整体性结构即钢管、保温层、外壳管高度粘结，可以最大限度的减少占地。

对于*DN*500以下管道，可以采用冷安装或预应力技术，最大限度地减少补偿设备，即减少了小室数量。采用直埋保温球阀、蝶阀(见图3.16)，可以减少小室的占地。一般小室与管道占地同宽。设计阶段即按照无补偿要求进行设计。

不设小室和补偿的管线技术要求：直埋预制保温管管径小于*DN*300；采用直埋补偿器，直埋阀门及平行三通(见图3.17)可以不设小室，对管道长度没有具体限制。

热力站采用智能化组合式机组，与常规热力站相比，减少了占地，节约了投资，安装简便，节约能源，提高了自动化水平，达到无人值守。智能化热力站使用先进的控制技术和阿法拉法、APV等小型组合式供热机组，与常规热力站相比减少了占地，节约了投资，提高了自动化水平。换热机组是集成了板式换热器、循环泵、补水泵、温度计、压力表、各种传感器、管路和阀门及工控于一体的成套区域供热控制设备，并加装了补水系统、定压系统、水处理系统、变频流量控制系统、热量计计量及网络通讯控制系统。小型站占地一般为20～70m^2。

考虑到历史文化保护区的特殊性，对于满足道路条件的区域，热力管线按整体规划考虑，每户建筑面积为100～300m^2左右的四合院，可以参考以下三种方案：

1) 一户一站，热力站采用小型机组。维护热力站所需的水、电以及更换

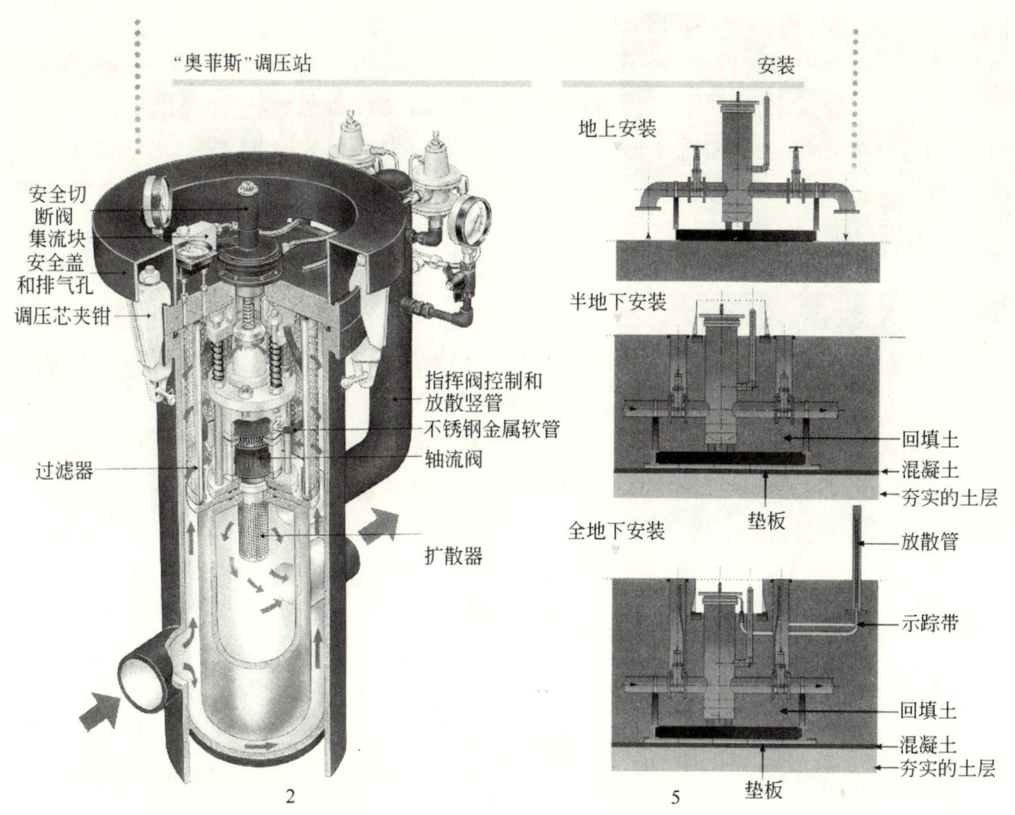

图 3.15　地下调压箱

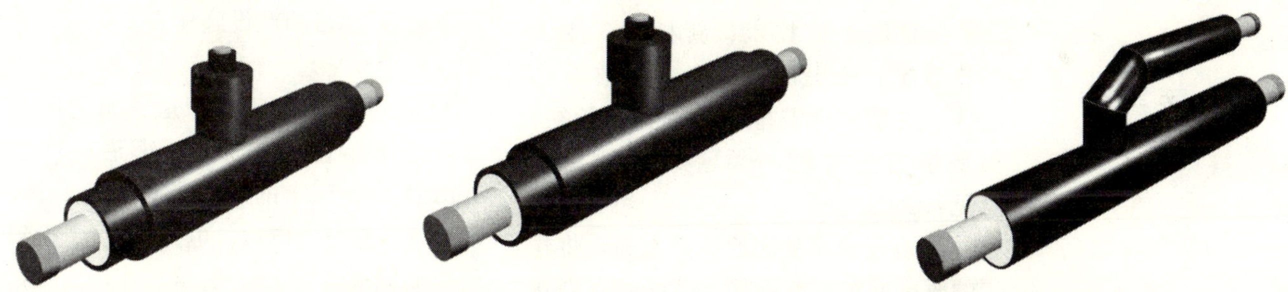

图 3.16　保温球阀、蝶阀

图 3.17　平行三通

设备所需的各种费用由用户承担。参考国外设备，采用小交换机组。机组尺寸为 400mm×300mm×400mm(长×宽×高)，能供应采暖和生活热水，可挂在墙上。技术要求：采用自来水定压。

2) 集中建站。一个小型热力交换站的占地面积不小于 50m²，净高不小于 4m。(供热面积 2000m² 以上)还要考虑维护和管理问题。

3) 结合附近的公共配套设施(学校、医院、商业等)联合建站，再引出二次水管线对四合院供热(见图 3.18 规模 6000m² 热力站)。对于居民用户的管理、收费问题要考虑。各种供热机组、换热站如图 3.18～图 3.22 所示。

(7) 中水

历史文化保护区内原则上不安排中水管，有条件的周边街道两侧可以考虑使用中水。

(8) 消防

在保护街道胡同体系、历史风貌前提下提高保护区建筑设防等级，增加必备的消火栓等基础设施，满足消防水量和水压，添置小型消防车辆，合理疏通消防通道，保证消防安全。消防用闸阀和消火栓如图 3.23 所示。

图 3. 18　APV 供热机组

图 3. 19　TS2000 智能机组

(三) 综合管廊在历史文化保护区应用的适应性、经济性分析

详见专题报告四“综合管廊在历史文化保护区的应用”。

(四) 建议

综合以上新技术、新材料、技术措施情况，历史保护区引入市政基础设施、在胡同内安排管线是有可能的，但是是有条件的，课题组提出几点意见：

1. 在历史保护区改造开发前，将建筑的改造方案与市政基础设施的规划建设方案相结合，建筑、市政工程设计同步。结合实际地上地下、综合统一规划设计，为分期、分步、近远结合、先地下后地上创造条件。

2. 在历史保护区研究改造方案时，要为市政基础设施的引入创造条件留出必要的用地和走廊。必须首先确定进入保护区管网所必须具备的市政基础设施站、点、箱(天然气-调压站或箱。供电-变电站、配电室或箱式变压器。热力交换站-需要达到的规模设置。电信-模块局、交接箱、有线电视-光接点)的位置、路灯形式。与建筑方案、区域环境相协调。据此安排进出保护区管线的种类和位置。

3. 历史保护区 10m 以下胡同市政管线工程的规划建设，污水、天然气、自来水、热力等管径等于或小于 $\phi300$，雨水管径 $\phi1000$ 以下，为城市支线、户线。可在《城市工程管线综合规划规范》的基础上压缩水平净距和垂直净距，采取技术措施(保证市政设施建设、运行、维护、检修安全)。

4. 历史保护区内街道、胡同的宽度，合理布置相关管线。街道胡同宽 10m 及 10m 以上的，7 种管线(雨、污、气、水、路灯、电信、电力)一次埋设到位，胡同宽 5～7m，优先安排水、污、雨、燃气管线。胡同宽 3～4m，优先布置给水、污水。胡同宽 2m 及 2m 以下的仅布置给水管线。

5. 5m 以下的胡同，在保护区建筑设计时要预留电信、路灯和电源线位置。具体做法可在沿胡同两侧的墙内预留暗管(解决胡同内电信、供电架空线入地问题)。

6. 能够采用集中供暖的区域在建筑改造方案设计时，预留供暖管线走廊。规范规定管径等于或小于 300mm 的热力网管道，可以穿过建筑物的地下室或自建筑物下专门敷设的通行沟内穿过。这需要建筑设计方案与供热规划方案综合

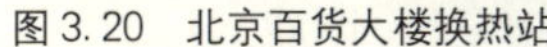
图3.20　北京百货大楼换热站

图3.21　百灵机场换热站

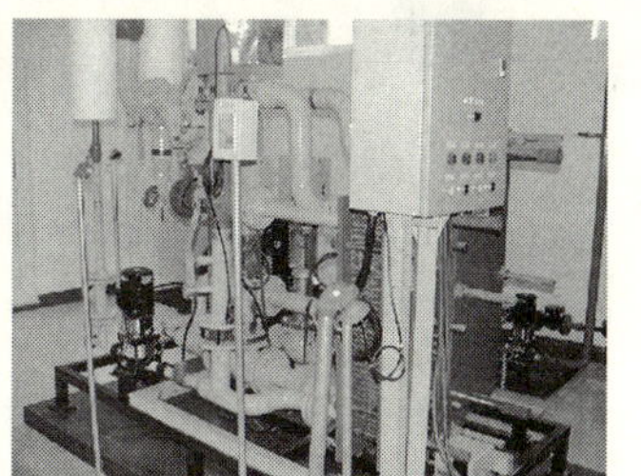

图3.22　空军定慧寺干休所热力站

研究地上地下配合、同步设计从时间、空间相协调。

7. 在条件受限制地区，雨污水排放在分流制基础上局部采用合流管。雨污分流设置压缩管线净距、检查井小型化非标准设计。雨水采用预制明沟排水或地表径流排放，只埋设污水管（条件是建筑规划院落高于胡同、区域内雨水自流排放）。

8. 鉴于保护区多为平房且胡同窄小，采暖和生活用气采用低压燃气，中压天然气管线尽量不进入平房区。调压装置应多样化，其形式可包括：调压站、调压箱、地下调压箱。保护区内阀门优先采用直埋阀。5m以下胡同原则上不敷设天然气管线。

9. 敷设天然气管线和燃气调压设施超出燃气设计施工规范的应进行专家论证会讨论通过。

10. 需要解决综合管沟的经常管理费和管理机构的问题。

27系列
新式干式消火栓
埋深：2½–10'
200PSI
GGG-50
UL/ULC核准
FM核准
入口选择：
- 4"~6"法兰入口
  4"~6"机械接头
  6"推入式入口

27系列
旧式干式消火栓
埋深：2½~10'
200PSI
GGG-50
UL/ULC核准
FM核准
入口选择：
- 4"~6"法兰入口
  4"~6"机械接头
  6"推入式入口

24系列
干式消火栓
200PSI
GGG-50
UL核准
FM核准
配件选择：
- 1X抽水机
  2X软水管
- 1X抽水机
  1X软水管

19系列
地下式消火栓
螺纹式出口类型
*DN*80
PN 10或16
GGG-50
配件选择：
- 流线型或紧凑型

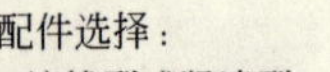

30系列
地下式消火栓
*DN*100
PN 16
GG-25

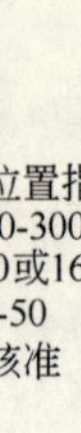

09系列
地面上出口式消火栓
螺纹式出口类型B
DN 80
PN 10
GGG-50
配件选择：
- 人工或自动排水
- 铝制栓体
- 螺纹式出口类型B
- 闸阀操作

27系列
干式消火栓用延伸组件同时有通道部分修理组件和工具组件
24系列
湿式消火栓用可拆卸法兰和
拆卸环的修理组件

06
带有位置指示的闸阀
DN 50-300
PN 10或16
GGG-50
VdS核准

25系列
指示杆用的闸阀
DN 50-300
200 PSI,GG-25
UL/ULC 核准
FM核准
配件选择：
- 法兰式、推入式或机械接头

25系列
带明杆的法兰闸阀
DN 65-300,PN 16
GG-25/GGG-50
UL/ULC 核准
FM核准
配件选择：
凹槽接头或凹槽/法兰接头

28系列
指示杆
*DN*100-300 P.I的闸阀用伸缩管
埋深：34"~72"
GGG~50
UL/ULC核准
FM 核准

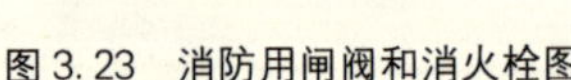

图 3.23　消防用闸阀和消火栓图

四、专题报告一：北京旧城历史文化保护区分区市政规划方案

(一) 前言

市政府于2002年10月正式批准了《北京历史文化名城保护规划》，该规划在旧城区列出30片历史文化保护区(第一批25片，第二批5片，共30片)作为历史文化名城重要组成部分，要求必须对其历史文化、传统风貌、民族地方特色进行保护，并且要改善、提高保护区内生活、环境质量及市政基础设施的现代化水平。此后，市规划委就着手开展历史文化保护区城市基础设施现代化规划研究的前期工作。

本规划中所包含的保护区片有：(1)景山八片(景山东街、景山西街、景山前街、景山后街、地安门内大街、文津街、五四大街、陟山门街)；(2)南北长街及西华门大街；(3)西四北头条至八条；(4)阜成门内大街；(5)什刹海；(6)南锣鼓巷；(7)国子监；(8)北池子；(9)南池子及东华门大街；(10)东四三条至八条；(11)东交民巷；(12)大栅栏；(13)东琉璃厂；(14)西琉璃厂；(15)鲜鱼口地区；(16)法源寺；(17)北锣鼓巷；(18)张自忠路北；(19)张自忠路南。

作为《北京历史文化名城保护规划》总报告的一个分报告，本报告的主要内容是各片历史文化保护区的市政专项规划，包括供水、雨水、污水、城市热网、燃气、供电、电信(含有线电视)管道及设施的现状情况和规划方案，并反映各种清洁能源采暖方式的分区情况。

本报告的编制工作由市规划委组织8个单位共同完成，包括北京市规划院、北京市市政工程管理处、北京市自来水集团、北京市燃气集团、北京市热力集团、北京市供电公司、北京市通信管理局、北京市歌华有线公司。

(二) 保护区规划方案

1. 景山八片

(1) 供水规划

地安门东、西大街南侧有现状 $DN400$ 供水管，北河沿大街有现状 $DN400$ 供水管，景山前街有现状 $DN400$ 供水管，地安门内大街——景山西街有现状 $DN300$ 供水管。

规划沿地安门内大街——景山东街新建 $DN400$ 供水管。

(2) 雨水规划

地安门东、西大街南侧有现状□1800×1800～□3000×2900雨水管沟，北河沿大街有现状□1600×1700雨水管沟，景山西街有现状 $\phi1250$ 雨水管，景山后街——景山东街有现状 $\phi1500$ 雨水管。

规划沿地安门内大街新建 $\phi1500$ 雨水管，规划沿景山前街——五四大街新建 $\phi1000$～$\phi2000$ 雨水管。

(3) 污水规划

地安门东、西大街有现状 $\phi1250$～$\phi1500$ 污水管，北河沿大街有现状 $\phi1050$ 污水管，景山西街有现状 $\phi400$ 污水管，景山后街——景山东街有现状 $\phi500$ 污水管，景山前街——五四大街有现状 $\phi1050$ 污水管。

规划沿地安门内大街新建 $\phi500$ 污水管，接入平安大街现状污水管。

(4) 供电规划

规划区内安排2座10kV开闭站，电源分别来自隆福寺、雍和宫110kV变电站。

沿地安门东大街、地安门内大街、景山后街、景山东街、景山西街等主要道路安排电力管道。

(5) 热力规划

地安门东、西大街有现状 $DN1000$ 热力管线，北河沿大街有现状 $DN500$ 的热力管线。

规划沿地安门内大街敷设 $DN400$ 的热力管线，沿街的公共建筑可接入热力。

(6) 天然气规划

现状沿地安门西大街、地安门内大街、景山大街西段、景山西街、景山前街及五四大街均有 DN500 的天然气中压管道，并在地安门内大街西侧有一座天然气中低压调压站。

规划在平安大街南侧新建一座天然气中低压调压站。沿景山后街东段、景山东街等道路新铺设 DN200～DN300 的天然气中压管道。

(7) 电信、有线电视规划

规划沿黄化门街、北河胡同、东板桥街、嵩祝院北巷、沙滩北街、沙滩后街新建 12 孔管道，其余街巷新建 6 孔的管道。

规划范围内设弱电设备间 4 座。

2. 南北长街及西华门大街

(1) 供水规划

景山前街——文津街有现状 DN400 供水管，西长安街有现状 DN600 供水管，南、北长街有现状 DN300 供水管，西华门大街有现状 DN200 供水管。

规划沿南、北长街新建 DN400 供水管。

(2) 雨水规划

北长街有现状 ϕ800 雨水管，接入筒子河；南长街、西华门大街有现状雨水管，分别接入西长安街现状雨水管和筒子河。

(3) 污水规划

北长街——景山前街有现状 ϕ500 污水管，南长街有现状 ϕ400 污水管。

(4) 供电规划

规划南北长街不采用电采暖。

现状只有由前门变电站架空供电电源。

规划以 220kV 王府井变电站出电缆网就近供电。

规划沿南长街、北长街铺设电力管道。

(5) 热力规划

西长安街有现状 DN700 热力管线，规划区内有现状 DN250～DN300 的热力管线。

规划目前热力管线可到达的范围可由城市热力管网供热，其余采用燃气采暖。

(6) 天然气规划

在南长街和西长安街路口已有 DN250 中压天然气管线，北长街路口，文津街上有现状 DN400 中压天然气管线。

规划区内设置中低压调压站(箱)共 2 座，其中区域东侧设置 1 座站，区域西侧设置 1 座站，具体位置根据现场情况确定。

规划沿北长街、南长街新敷设 DN200 的天然气中压管道。其余道路敷设 DN200～DN400 的低压天然气管线。

(7) 电信、有线电视规划

南北长街有现状电信管道，规划沿其余街巷新建 6 孔的管道。

规划范围内设弱电设备间 2 座。

3. 西四头条至八条

(1) 供水规划

西四北大街有现状 DN150 供水管。

规划沿西四北大街新建 DN400、DN600、DN1000 三根供水管，规划沿赵登禹路新建 DN600 供水管。

(2) 雨水规划

赵登禹路有现状□2000×2000 雨水管沟。

规划沿西四北大街东、西两侧分别新建 ϕ1000～ϕ1100 和 ϕ900～ϕ1000 雨水管。内部胡同的现状合流管规划作为雨水管。

(3) 污水规划

规划沿赵登禹路新建 ϕ700～ϕ800 污水管，规划沿西四北大街东、西两侧各新建一条 ϕ400 污水管。内部宽度大于等于 6m 的胡同均新建污水管。

(4) 供电规划

西四头条至八条全部采用电采暖。

由新街口 110kV 变电站出 4 路 10kV 电缆向该区域供电。

规划沿阜成门内大街、西四北大街、西四北头条、西四北八条等道路胡同安排电力管道。

(5) 热力规划

规划沿赵登禹路、西四北大街及西四北四条敷设 $DN500\sim DN800$ 的热力管道。沿街的公共建筑可接入热力。

(6) 天然气规划

现状西四地区生活燃料以液化石油气为主，沿赵登禹路、西四北七条有 $DN300$ 的天然气中压管道。

规划该地区采用电采暖，燃气只是用于炊事。

规划区内设置中低压调压站(箱)共2座，其中区域东侧设置1座站，区域西侧设置1座站，具体位置根据现场情况确定。

规划沿赵登禹路、西四北大街及西四北七条敷设 $DN300$ 的低压天然气管线，沿其他道路敷设 $DN200$ 天然气低压管道。

(7) 电信、有线电视规划

规划沿赵登禹路、西四北大街、西四北头条、西四北四条及西四北八条新建12孔管道，沿其余街巷新建6孔的管道。

规划范围内设弱电设备间2座。

4. 阜成门内大街

(1) 供水规划

阜成门北大街有现状 $DN400$ 供水管，西四北大街有现状 $DN150$ 供水管，阜成门内大街南、北两侧分别有 $DN600$ 和 $DN400$ 供水管。

规划沿赵登禹路新建 $DN600$ 供水管，规划沿西四北大街新建 $DN400$、$DN600$、$DN1000$ 三根供水管。

(2) 雨水规划

赵登禹路有现状□2000×1900～□2000×2100雨水管沟。

规划沿阜成门内大街北侧新建 $\phi1400$～□2800×2400雨水管沟，规划沿西四北大街东西两侧各新建一条 $\phi1000$ 雨水管，接入阜成门内大街规划雨水管。内部宽度大于等于6m的胡同，有现状合流管的规划作为雨水管，没有合流管的规划新建雨水管。

(3) 污水规划

规划沿赵登禹路新建 $\phi800\sim\phi1000$ 污水管，规划沿阜成门内大街南、北两侧分别新建 $\phi400$ 和 $\phi400\sim\phi500$ 污水管，规划沿西四北大街东、西两侧各新建一条 $\phi400$ 污水管。内部宽度大于等于6m的胡同均新建污水管。

(4) 供电规划

规划区部分地区采用电采暖。

规划在保护区内建设一座开闭站。电源来自规划110kV白塔寺变电站。

规划沿赵登禹路、安平巷、西四北头条、阜成门内大街、丁章胡同、羊肉胡同等安排电力管道。

(5) 热力规划

阜成门南、北大街及阜成门内大街有现状 $DN400$ 热力管道。

规划沿赵登禹路、西四北大街、西四北四条、西四北头条、东弓匠胡同及大茶叶胡同敷设 $DN500\sim DN800$ 的热力管道。沿街的公共建筑可接入热力。

(6) 天然气规划

在阜成门内大街上有 $DN500$ 中压天然气管线。赵登禹路目前在施 $DN400$ 的天然气中压管道。

规划区内设置中低压调压站(箱)共3座，分别位于区域的北侧、东侧和西侧，具体位置根据现场情况确定。

规划沿西四北大街、西四南大街、安平巷、宫门口四条、青塔胡同、宫门口二条及阜成门内北街敷设中压燃气管线。

(7) 电信、有线电视规划

阜成门内大街有现状36孔电信管道，西四北大街、赵登禹路有现状24孔电信管道。

规划沿赵登禹路新建36孔管道，沿其余街巷新建6～12孔的管道。

规划范围内设弱电设备间5座。

5. 什刹海

(1) 供水规划

德胜门东大街有现状 $DN1200$ 供水管，德胜门内大街北段有现状 $DN600$ 供水管，地安门外大街有现状 $DN400$ 供水管，地安门西大街有现状 $DN400$ 供水管。

规划沿西直门内大街新建 $DN600$ 供水管，规划沿鼓楼西大街新建 $DN400$ 供水管，规划沿德胜门内大街南段新建 $DN600$ 供水管。

(2) 雨水规划

地安门西大街南、北两侧分别有现状□2200×1900～□3000×2900 和□2200×1900～□3000×2700 雨水管沟，德胜门东大街有现状雨水管。

规划沿新街口北大街新建 $\phi900$～$\phi1350$ 雨水管，规划沿鼓楼西大街新建 $\phi700$～$\phi1500$ 雨水管，规划沿德胜门内大街新建 $\phi1200$～$\phi1500$ 雨水管，规划沿地安门外大街新建 $\phi900$～$\phi1200$。内部宽度大于等于 6m 的胡同，有现状合流管的规划作为雨水管，没有合流管的规划新建雨水管。

(3) 污水规划

德胜门东大街南侧有现状 $\phi1100$ 污水管，地安门外大街有现状 $\phi1050$ 污水管，地安门西大街有现状 $\phi1050$～$\phi1500$ 污水管。

规划沿新街口北大街新建 $\phi600$～$\phi700$ 污水管，规划沿德胜门内大街北段新建 $\phi500$ 污水管，向北接入德胜门东大街南侧现状污水管，规划沿德胜门内大街南段新建 $\phi600$～$\phi700$ 污水管，向南接入地安门西大街现状污水管。内部宽度大于等于 6m 的胡同均新建污水管。

(4) 供电规划

规划区内安排 1 座 10kV 开闭站，电源来自现状 110kV 新街口变电站，由这座变电站出双路电缆至规划开闭站。

规划沿德胜门内大街、新街口北大街等道路胡同安排电力管道。

(5) 热力规划

地安门西大街有现状 $DN1000$ 热力管道。

规划沿德胜门内大街、地安门外大街敷设 $DN400$～$DN600$ 的热力管道。沿街的公共建筑可接入热力。

(6) 天然气规划

现状区域的东北和西北有两座中低压调压站(箱)。地安门西大街、德胜门东大街有现状 $DN500$ 中压天然气管线，沿鼓楼西大街有现状 $DN200$ 中压天然气管线。

规划区内设置中低压调压站(箱)共 2 座，分别位于区域东南和西南侧，具体位置根据现场情况确定。

规划区内敷设 $DN200$～$DN400$ 的低压燃气管线。

(7) 电信、有线电视规划

地安门西大街有现状 60 孔电信管道。新街口北大街、德胜门内大街有现状 24 孔电信管道。地安门外大街有现状 12 孔电信管道。德胜门东、西大街有现状 36 孔电信管道。

规划区内道路新建 6～12 孔管道，区内设弱电设备间 5 座。

6. 南锣鼓巷

(1) 供水规划

鼓楼东大街有现状 $DN400$ 供水管，地安门外大街有现状 $DN400$ 供水管，交道口南大街有现状 $DN600$ 供水管，平安大街南、北两侧分别有 $DN1000$ 和 $DN400$ 供水管。

(2) 雨水规划

平安大街有现状□3000×3100 雨水管沟，交道口南大街东、西两侧分别有现状□750×1200 雨水管沟和 $\phi800$～$\phi1250$ 雨水管，接入平安大街现状雨水管。

规划沿地安门外大街新建 $\phi900$～$\phi1200$ 雨水管，接入平安大街现状雨水管，规划沿鼓楼东大街南、北两侧分别新建 $\phi1050$ 和 $\phi1050$～$\phi1350$ 雨水管。内部宽度大于等于 6m 的胡同，有现状合流管的规划作为雨水管，没有合流管的规划新建雨水管。

（3）污水规划

平安大街有现状 $\phi1500$ 污水管，交道口南大街有现状 $\phi1050$ 污水管，地安门外大街有现状 $\phi1050$ 污水管。

规划沿鼓楼东大街新建 $\phi1050$ 污水管。内部宽度大于等于 6m 的胡同规划新建污水管。

（4）供电规划

规划区内部分建筑采用电采暖。

由规划 110kV 雍和宫变电站出 4 路电缆至该区域，该区域需要建筑一座开闭站。

规划沿地安门外大街、平安大街等道路胡同安排电力管道。

（5）热力规划

地安门西大街有现状 *DN*1000 热力管道。

规划沿德胜门内大街、地安门外大街、鼓楼东大街敷设 *DN*400～*DN*600 的热力管道。沿街的公共建筑可接入热力。

（6）天然气规划

交道口南大街和地安门外大街有现状 *DN*400 中压天然气管线，平安大街有现状 *DN*400 中压天然气管线，在东棉花胡同已敷设 *DN*200 中压天然气管线。

规划内设置中低压调压站（箱）共 3 座，分别位于区域的西北侧、东南侧和正北侧，具体位置根据现场情况确定。现状中低压调压站（箱）共 1 座，位于区域的东侧。

规划沿鼓楼东大街敷设 *DN*500 的天然气中压管道。其余道路胡同敷设 *DN*200～*DN*300 低压天然气管线。

（7）电信、有线电视规划

鼓楼东大街、交道口南大街、平安大街有现状 24 孔电信管道。地安门外大街有现状 12 孔电信管道。

规划区内道路新建 6～12 孔管道，区内设弱电设备间 4 座。

7. 国子监

（1）供水规划

北二环东路南侧有现状 *DN*600 供水管，安定门内大街有现状 *DN*600 供水管，雍和宫大街有现状 *DN*600 供水管，东直门北小街有现状 *DN*600 供水管。

规划沿雍和宫大街新建 *DN*1200 供水管。

（2）雨水规划

安定门内大街有现状 $\phi1250$ 雨水管，接入北护城河，雍和宫大街有现状 $\phi1250$～$\phi1500$ 雨水管，接入北护城河，东直门北小街有现状 $\phi1000$～$\phi1500$ 雨水管，接入北护城河。

规划沿雍和宫大街西侧新建 $\phi1000$～$\phi1500$ 雨水管。内部宽度大于等于 6m 的胡同规划新建雨水管。

（3）污水规划

北二环东路南侧有现状 $\phi1250$ 污水管，安定门内大街有现状 $\phi1050$ 污水管，东直门北小街有现状 $\phi500$～$\phi600$ 污水管。

规划沿雍和宫大街新建 $\phi500$ 污水管。内部宽度大于等于 6m 的胡同规划新建污水管。

（4）供电规划

该保护区没有电采暖。

由规划 110kV 雍和宫变电站出双路电缆至该区域，该区域需要建设 1 座开闭站。

规划沿北二环东路南侧、雍和宫大街等道路铺设电力管道。

（5）热力规划

规划沿安定门内大街、东直门北小街敷设 *DN*600～*DN*800 的热力管道。沿街的公共建筑可接入热力。

（6）天然气规划

安定门内大街有现状 *DN*500 中压天然气管线。

规划区内设置中低压调压站（箱）共 6 座，具体位置根据现场情况确定。

规划沿雍和宫大街及东直门北小街

敷设 DN500 天然气中压管道，其余规划道路安排 DN200～DN400 的天然气低压管道。

(7) 电信、有线电视规划

安定门东大街、安定门内大街有现状电信管道。

规划区内道路新建 6～12 孔管道，区内设弱电设备间 6 座。

8. 北池子

(1) 供水规划

北河沿大街有现状 DN400 供水管，五四大街有现状 DN400 供水管，东华门大街有现状 DN400 供水管。

规划沿北池子大街新建 DN400 供水管。

(2) 雨水规划

北河沿大街有现状□1600×1700～□2200×2000 雨水管沟，北池子大街——东华门大街有现状□1400×875 雨水管沟，接入北河沿大街现状雨水管。

规划沿五四大街新建 ϕ1000～ϕ2000 雨水管，接入北河沿大街现状雨水管。内部宽度大于等于 6m 的胡同规划新建雨水管。

(3) 污水规划

北河沿大街有现状 ϕ1050 污水管，北池子大街——东华门大街有现状 ϕ500 污水管，接入北河沿大街现状污水管。

规划沿五四大街新建 ϕ1000 污水管，东西两头顺接现状污水管。内部宽度大于等于 6m 的胡同规划新建污水管。

(4) 供电规划

由现状 110kV 新东安变电站出双路电缆至该区供电。

规划沿北河沿大街、北池子大街等道路胡同安排电力管道。

(5) 热力规划

东华门大街有现状 DN400 热力管线，北河沿大街有现状 DN500 的热力管线，北池子大街南段有现状 DN500 热力管线。

规划目前热力管线可到达的范围可由城市热力管网供热，其余采用电采暖。

(6) 天然气规划

北河沿大街有现状 DN400 中压天然气管线，在东华门大街有现状 DN300 中压天然气管线。

规划区内设置中低压调压站(箱)共 2 座，其中区域东北侧设置 1 座站(箱)，区域西南侧设置 1 座站(箱)，具体位置根据现场情况确定。

规划区内敷设 DN200～DN300 的低压天然气管线。

(7) 电信、有线电视规划

规划沿骑河楼街新建 12 孔管道，其余道路新建 6 孔管道，区内设弱电设备间 2 座。

9. 南池子及东华门大街

(1) 雨水规划

南河沿大街有现状□3000×2650 雨水管，南池子大街——东长安街有现状 ϕ800～ϕ1200 雨水管，接入南河沿大街现状雨水管，东华门大街有现状□1400×875 雨水管沟，接入南河沿大街现状雨水管。

内部宽度大于等于 6m 的胡同，有现状合流管的规划作为雨水管，没有合流管的规划新建雨水管。

(2) 污水规划

南河沿大街有现状 ϕ1050 污水管，南池子大街——东华门大街有现状 ϕ500 污水管，接入南河沿大街现状污水管，东长安街有现状污水管。

规划沿南池子大街新建 ϕ500 污水管，接入东长安街现状污水管。内部宽度大于等于 6m 的胡同规划新建污水管。

(3) 供电规划

由现状 110kV 新东安变电站出双路电缆至该区供电。

规划沿东华门大街、南池子大街、东银丝胡同安排电力管道。

(4) 热力规划

东华门大街有现状 DN400 热力管线，南河沿大街有现状 DN500 的热力管线，南池子大街有现状 $DN450$ 热力管线。

规划目前热力管线可到达的范围可由城市热力管网供热，其余采用燃气或电采暖。

(5) 天然气规划

南河沿大街有现状 $DN400$ 中压天然气管线，在东华门大街有现状 $DN300$ 中压天然气管线。

目前在规划区北侧有 1 座天然气中低压调压站(箱)。规划在区内南侧新建 1 座天然气中低压调压站(箱)，具体位置根据现场情况确定。

规划沿东长安街敷设 $DN300$ 天然气中压管道，区内敷设 $DN200 \sim DN400$ 的天然气低压管道。

(6) 电信、有线电视规划

区内道路规划新建 6 孔管道，区内设弱电设备间 3 座。

10. 东四三条至八条

(1) 雨水规划

朝阳门北小街南、北两段分别有现状 $\phi1200$ 和 $\phi1500 \sim \phi1800$ 雨水管，朝阳门内大街北侧有现状 $\phi2400$ 雨水管。

规划沿东四北大街北段东、西两侧分别新建 $\phi900$ 和 $\phi1000$ 雨水管，规划沿东四北大街南段东、西两侧分别新建 $\phi1100$ 和 $\phi1400 \sim \phi1500$ 雨水管，向南接入朝阳门内大街现状雨水管。内部宽度大于等于 6m 的胡同，有现状合流管的规划作为雨水管，没有合流管的规划新建雨水管。

(2) 污水规划

朝阳门北小街南、北两段分别有现状 $\phi500$ 和 $\phi880$ 污水管，朝阳门内大街有现状 $\phi1550$ 污水管。

规划沿东四北大街北段新建 $\phi800$ 污水管，规划沿东四北大街南段新建 $\phi800$ 污水管，向南接入朝阳门内大街现状污水管。内部宽度大于等于 6m 的胡同规划新建污水管。

(3) 供电规划

东四三条至八条全部采用电采暖。

规划由 220kV 朝阳门、110kV 隆福寺变电站各出双路电缆为该区域提供电源。

规划沿朝阳门北小街、朝阳门内大街、东四四条、东四五条、东四八条等道路胡同安排电力管道。

(4) 热力规划

规划沿东四北大街敷设 $DN500$ 热力管线，沿朝阳门北小街敷设 $DN600$ 的热力管线。

(5) 天然气规划

现状西四地区生活燃料以液化石油气为主，天然气在南侧部分地区已经引入。

规划该地区采用电采暖，燃气只用于炊事。

规划区内设置中低压调压站(箱)共 2 座，其中区域东侧设置 1 座站，区域西侧设置 1 座站，具体位置根据现场情况确定。

在规划区内敷设天然气低压管道。

(6) 电信、有线电视规划

东四北大街现状有 24 孔电信管道，朝阳门北小街现状有 36 孔电信管道。

沿规划区内道路新建 6 孔管道，区内设弱电设备间 2 座。

11. 东交民巷

(1) 雨水规划

前门东大街有现状□8500×4000 雨水管沟，正义路和台基厂大街分别有现状□6000×2650 和□1800×1800 雨水管沟，向南接入前门东大街现状雨水管，东交民巷西段有现状□600×500～□600×1500 雨水管沟和□600×1200 雨水管沟，分别向东、向西接入正义路现状雨水管，东交民巷东段有现状□600×1000 雨水管沟。

内部宽度大于等于 6m 的胡同规划新建雨水管。

(2) 污水规划

前门东大街有现状污水管，正义路

和台基厂大街分别有现状 ϕ1050 和□1400×1150 污水管，向南接入前门东大街现状污水管。

内部宽度大于等于 6m 的胡同规划新建污水管。

(3) 供电规划

东交民巷不采用电采暖，该保护区位于现状 110kV 崇文门变电站供电范围，规划以周围电缆网就近供电。

规划沿前门东大街、东交民巷、正义路、台基厂大街等道路铺设电力管道。

(4) 热力规划

前门东大街现状有 DN700 的热力管道，东长安街现状有 DN1000 的热力管道，台基厂大街现状有 DN500 的热力管道。区内其余道路大部分也均有现状的热力管道。所以东交民巷的供热全部由城市热网解决。

(5) 天然气规划

目前在东长安街、前门东大街、东交民巷等周边道路均有天然气中压管道，且规划区内已有 3 座天然气调压站(箱)。规划沿正义路、台基厂大街等区内规划路敷设天然气中压管道。

(6) 电信、有线电视规划

沿规划区内道路新建 6～12 孔管道，区内设弱电设备间 3 座。

12. 大栅栏

(1) 供水规划

广安大街有现状 DN600 供水管，前门西大街南侧有现状 DN1000 供水管，南新华街有现状 DN400 供水管。

规划沿前门大街新建 DN600 供水管，规划沿延寿街新建 DN400 供水管，规划沿煤市街新建 DN400 供水管。

(2) 雨水规划

前门西大街有现状□6500×4000 雨水管沟，广安大街西段有现状 ϕ1600 雨水管，东段有现状 ϕ1800～ϕ2200 雨水管。

规划沿南新华街新建 ϕ1600 雨水管，沿前门大街新建 ϕ1500 雨水管。内部宽度大于等于 6m 的胡同，有现状合流管的规划作为雨水管，没有合流管的规划新建雨水管。

(3) 污水规划

前门西大街有现状 ϕ900 污水管，广安门大街北侧有现状 ϕ1750 污水管，南新华街北段有现状 ϕ1050 污水管，前门大街北段有现状 ϕ1000 污水管。

规划沿南新华街南段新建 ϕ600 污水管，规划沿前门大街南段新建 ϕ800 污水管，向南接入广安门大街现状污水管。内部宽度大于等于 6m 的胡同规划新建污水管。

(4) 供电规划

规划大栅栏部分地区采用电采暖。

位于现状前门 110kV 变电站以及规划天桥 110kV 变电站供电范围内，由于该地区用电量大，由规划天桥 110kV 变电站出四路电缆至该区内新建 2 座开闭站供电。

规划沿延寿街、胭脂胡同、人大西侧路南延、铁树斜街、大栅栏街等道路胡同安排电力管道。

(5) 热力规划

前门西大街现状有 DN700 的热力管道，广安门大街现状有 DN1000 的热力管道。

规划沿南新华街敷设 DN500 的热力管道，沿前门大街敷设 DN600 的热力管道。沿街的公共建筑可接入热力。

(6) 天然气规划

前门西大街、南新华街有现状燃气中压管道。

规划区内设置中低压调压站(箱)共 3 座，其中区域东南角设置 1 座站(箱)，区域西南侧设置 1 座站(箱)，区域东北角设置 1 座站(箱)，具体位置根据现场情况确定。

规划沿人大西侧路南延及广安门大街敷设天然气中压管道，其余区内规划道路及部分胡同安排 DN200～DN400 的天然气低压管道。

(7) 电信、有线电视规划

前门西大街与南新华街现状均有电信管道。

规划沿区内道路新建6～12孔管道，区内设弱电设备间2座。

13. 东琉璃厂

(1) 雨水规划

规划沿南新华街新建ϕ1600雨水管。内部宽度大于等于6m的胡同，有现状合流管的规划作为雨水管，没有合流管的规划新建雨水管。

(2) 污水规划

规划沿南新华街新建ϕ600污水管。内部宽度大于等于6m的胡同规划新建污水管。

(3) 供电规划

规划东琉璃厂部分建筑采用电采暖。

规划天桥110kV变电站出双路电缆至该区供电。

规划沿琉璃厂东街铺设电力管道。

(4) 热力规划

规划沿南新华街敷设*DN*500的热力管道，沿街的公共建筑可接入热力。

(5) 天然气规划

南新华街有现状燃气中压管道。

规划区内设置中低压调压站(箱)1座，位于规划区东侧，具体位置根据现场情况确定。

规划区内敷设*DN*200～*DN*400的天然气低压管道。

(6) 电信、有线电视规划

南新华街现状有24孔电信管道。

规划沿区内道路新建6～12孔管道，区内设弱电设备间2座。

14. 西琉璃厂

(1) 雨水规划

规划沿南新华街新建ϕ1600雨水管。内部宽度大于等于6m的胡同，有现状合流管的规划作为雨水管，没有合流管的规划新建雨水管。

(2) 污水规划

规划沿南新华街新建ϕ600污水管。内部宽度大于等于6m的胡同规划新建污水管。

(3) 供电规划

规划西琉璃厂部分建筑采用电采暖。

规划天桥110kV变电站出双路电缆至该区供电。

规划沿琉璃厂西街、北柳巷、南柳巷等道路胡同安排电力管道。

(4) 热力规划

规划沿南新华街敷设*DN*500的热力管道，沿街的公共建筑可接入热力。

(5) 天然气规划

南新华街有现状*DN*400天然气中压管道。

规划区内设置1座天然气中低压调压站(箱)。沿琉璃厂西街敷设*DN*300天然气低压管道。

(6) 电信、有线电视规划

南新华街现状有电信管道。

规划沿区内道路新建6～12孔管道，区内设弱电设备间2座。

15. 鲜鱼口

(1) 雨水规划

两广路有现状雨水管，前三门有现状□6500×4000雨水管沟。

规划沿前门大街新建ϕ1500雨水管，接入前三门现状雨水管，规划沿正义路新建ϕ1500雨水管，接入两广路现状雨水管。内部宽度大于等于6m的胡同，有现状合流管的规划作为雨水管，没有合流管的规划新建雨水管。

(2) 污水规划

两广路有现状ϕ1750污水管，前门大街至前三门有现状ϕ1000污水管。

规划沿前门大街新建ϕ800污水管，沿正义路新建ϕ400～ϕ600污水管，均向南接入两广路现状污水管。内部宽度大于等于6m的胡同规划新建污水管。

(3) 供电规划

规划鲜鱼口部分地区采用电采暖。

位于现状前门110kV变电站以及规划天桥110kV变电站供电范围内，由天桥110kV变电站出四路电缆至该区内新建2座开闭站供电。

规划沿西兴隆街、草场二条、草场九条、草场横胡同、鲜鱼口街、前门东辅路等道路、胡同安排电力管道。

(4) 热力规划

规划沿前门大街敷设 *DN*600 的热力管道，沿街的公共建筑可接入热力。

(5) 天然气规划

规划区内设置中低压调压站(箱)2座，分别位于规划区东北侧和西南侧，具体位置根据现场情况确定。

规划沿前门东辅路、西打磨厂街、正义路及西兴隆街东段敷设天然气中压管道，区内部分道路胡同敷设 *DN*200～*DN*400 的低压天然气管道。

(6) 电信、有线电视规划

前门大街现状有24孔电信管道。

规划沿区内道路新建6～12孔管道，区内设弱电设备间3座。

16. 法源寺

(1) 雨水规划

菜市口南大街东西两侧各有1条现状 ϕ1000 雨水管。

内部宽度大于等于6m的胡同，有现状合流管的规划作为雨水管，没有合流管的规划新建雨水管。

(2) 污水规划

菜市口南大街东西两侧各有一条现状 ϕ500 污水管。

内部宽度大于等于6m的胡同规划新建污水管。

(3) 供电规划

法源寺供电电源来自现状110kV牛街变电站，供电负荷中不考虑采暖负荷。

规划沿烂漫胡同铺设电力管道。

(4) 热力规划

沿菜市口南大街现状有 *DN*1000 的热力管道，沿街的公共建筑可接入热力。

(5) 天然气规划

规划区内无现状天然气管线。

规划区内设置中低压调压站(箱)2座，分别位于规划区东北侧和西南侧，具体位置根据现场情况确定。

规划沿法源寺南、北规划路各安排1条天然气中压管道，区内胡同可安排低压天然气管道。

(6) 电信、有线电视规划

菜市口大街现状有36孔电信管道，南横西街现状有24孔电信管道，法源寺北侧规划路现状有24孔电信管道。

规划沿区内道路新建6～12孔管道，区内设弱电设备间1座。

17. 北锣鼓巷

(1) 供水规划

安定门内大街有现状 *DN*600 供水管，鼓楼东大街有现状 *DN*600 供水管。

(2) 雨水规划

安定门内大街有现状 ϕ1250 雨水管。

规划沿鼓楼东大街南、北两侧分别新建 ϕ1050 和 ϕ1050～ϕ1350 雨水管。内部宽度大于等于6m的胡同，有现状合流管的规划作为雨水管，没有合流管的规划新建雨水管。

(3) 污水规划

安定门内大街有现状 ϕ1050 污水管。

规划沿鼓楼东大街新建 ϕ1050 污水管。内部宽度大于等于6m的胡同规划新建污水管。

(4) 供电规划

规划北锣鼓巷部分地区采用电采暖。

由规划110kV北新桥变电站出四路电缆至该区域，该区域需要建设1座开闭站。

规划沿鼓楼东大街、北锣鼓巷等道路胡同安排电力管道。

(5) 热力规划

规划沿安定门内大街、鼓楼东大街敷设 *DN*400～*DN*600 的热力管道。沿街的公共建筑可接入热力。

(6) 天然气规划

在安定门内大街上有 *DN*500 中压天然气管线，在净土胡同东口敷设 *DN*300 中压天然气管线。现状规划区东北角有

1座天然气中低压调压站(箱)。

规划区内设置中低压调压站(箱)2座，分别位于规划区北侧和南侧，具体位置根据现场情况确定。

规划沿鼓楼东大街、净土胡同西段敷设 DN300～DN500 天然气中压管道。区内敷设低压天然气管道。

(7) 电信、有线电视规划

鼓楼东大街与安定门内大街现状有24孔电信管道。

规划沿区内道路新建6～12孔管道，区内设弱电设备间3座。

18. 张自忠路北

(1) 供水规划

交道口南大街有现状 DN600 供水管，东四北大街有现状 DN400 供水管，张自忠路有现状 DN600 和 DN1000 两条供水管。

规划沿东四北大街新建 DN400 供水管。

(2) 雨水规划

交道口南大街东西两侧分别有现状□750×1200 和 ϕ800～ϕ1250 雨水管沟，张自忠路南北两侧分别有现状□1800×1800 和□3000×3100 雨水管沟，东四北大街南段西侧有现状雨水管。

规划沿东四北大街北段东、西两侧分别新建 ϕ900 和 ϕ1000 雨水管，规划沿东四北大街南段东侧新建 ϕ800 雨水管。内部宽度大于等于6m的胡同，有现状合流管的规划作为雨水管，没有合流管的规划新建雨水管。

(3) 污水规划

交道口南大街有现状 ϕ1050 污水管，张自忠路有现状 ϕ1550 污水管。

规划沿东四北大街北段新建 ϕ900 污水管，沿东四北大街南段新建 ϕ700 污水管。内部宽度大于等于6m的胡同规划新建污水管。

(4) 供电规划

规划张自忠路北部分地区采用电采暖。

保护区内建1座10kV开闭站，电源来自规划110kV北新桥变电站。

规划沿东四北大街、张自忠路、交道口南大街、香饵胡同、北剪子巷等道路胡同安排电力管道。

(5) 热力规划

张自忠路有现状 DN1000 热力管道。

规划沿交道口南大街、东四北大街敷设 DN500～DN600 的热力管道。沿街的公共建筑可接入热力。

(6) 天然气规划

规划区南侧有1座天然气中低压调压站(箱)。交道口南大街、张自忠路现状有 DN500 的天然气中压管道。

区内设置中低压调压站(箱)共3座，分别位于区域的北侧、东侧和西侧，具体位置根据现场情况确定。

规划沿香饵胡同、东四北大街敷设天然气中压管道。规划区内敷设 DN200 的低压天然气管道。

(7) 电信、有线电视规划

交道口南大街、张自忠路、东四北大街有现状24孔电信管道。

规划区内道路新建6孔管道，区内设弱电设备间3座。

19. 张自忠路南

(1) 供水规划

美术馆后街北段有现状 DN400 供水管，东四南大街有现状 DN400 供水管，张自忠路有现状 DN600 和 DN1000 两条供水管。

规划沿东四南大街新建 DN400 供水管，规划沿美术馆后街新建 DN400 供水管。

(2) 雨水规划

美术馆后街北段有现状 ϕ1350 雨水管，美术馆后街南段有现状 ϕ1050 雨水管，张自忠路南北两侧分别有现状□1800×1800和□3000×3100 雨水管沟。

规划沿东四南大街北段东、西两侧分别新建 ϕ900 和 ϕ1000 雨水管，规划沿东四南大街南段东、西两侧分别新建

ϕ1100 和 ϕ1050～ϕ1400 雨水管。内部宽度大于等于 6m 的胡同，有现状合流管的规划作为雨水管，没有合流管的规划新建雨水管。

(3) 污水规划

美术馆后街有现状 ϕ1050 污水管，张自忠路有现状 ϕ1550 污水管。

规划沿东四南大街新建 ϕ800 污水管。内部宽度大于等于 6m 的胡同规划新建污水管。

(4) 供电规划

规划张自忠路南部分地区采用电采暖。

保护区内建 1 座 10kV 开闭站，电源来自规划 110kV 北新桥变电站。

规划沿张自忠路、美术馆后街、东四南大街、魏家胡同、什锦花园胡同、育群胡同等道路胡同安排电力管道。

(5) 热力规划

张自忠路有现状 *DN*1000 热力管道，美术馆后街有现状 *DN*700 的热力管道。沿街的公共建筑可接入热力。

(6) 天然气规划

现状规划区内有 2 座天然气中低压调压站(箱)。

美术馆后街、张自忠路现状有 *DN*500 的天然气中压管道。

规划区内设置中低压调压站(箱)共 2 座，分别位于区域的北侧和东侧，具体位置根据现场情况确定。现状中低压调压站(箱)共 2 座，分别位于区域的西侧和南侧。

规划沿东四南大街敷设 *DN*500 天然气中压管道。区内敷设 *DN*200～*DN*300 的低压天然气管道。

(7) 电信、有线电视规划

美术馆后街、张自忠路、东四南大街有现状 24 孔电信管道。

规划区内道路新建 6 孔管道，区内设弱电设备间 2 座。

附图：(略)

1. 北京旧城供水规划平面示意图
2. 北京旧城雨水规划平面示意图
3. 北京旧城污水规划平面示意图
4. 北京旧城清洁能源采暖分区规划平面示意图
5. 北京旧城供电规划采暖分区规划平面示意图
6. 北京旧城燃气规划采暖分区规划平面示意图
7. 北京旧城供热规划采暖分区规划平面示意图
8. 北京旧城通信规划采暖分区规划平面示意图

北京旧城历史文化保护区市政基础设施规划

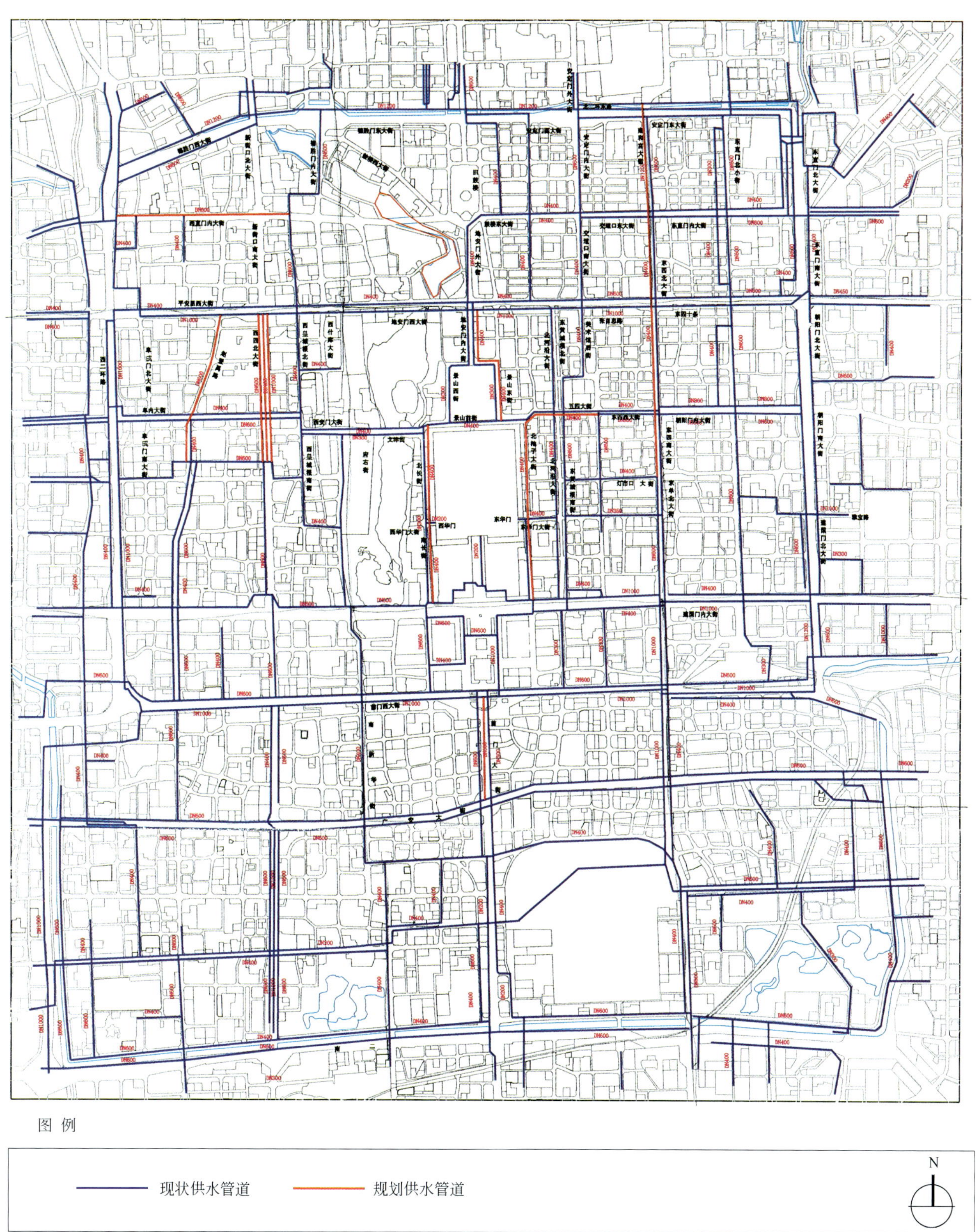

供水规划平面示意图

北京旧城历史文化保护区市政基础设施规划

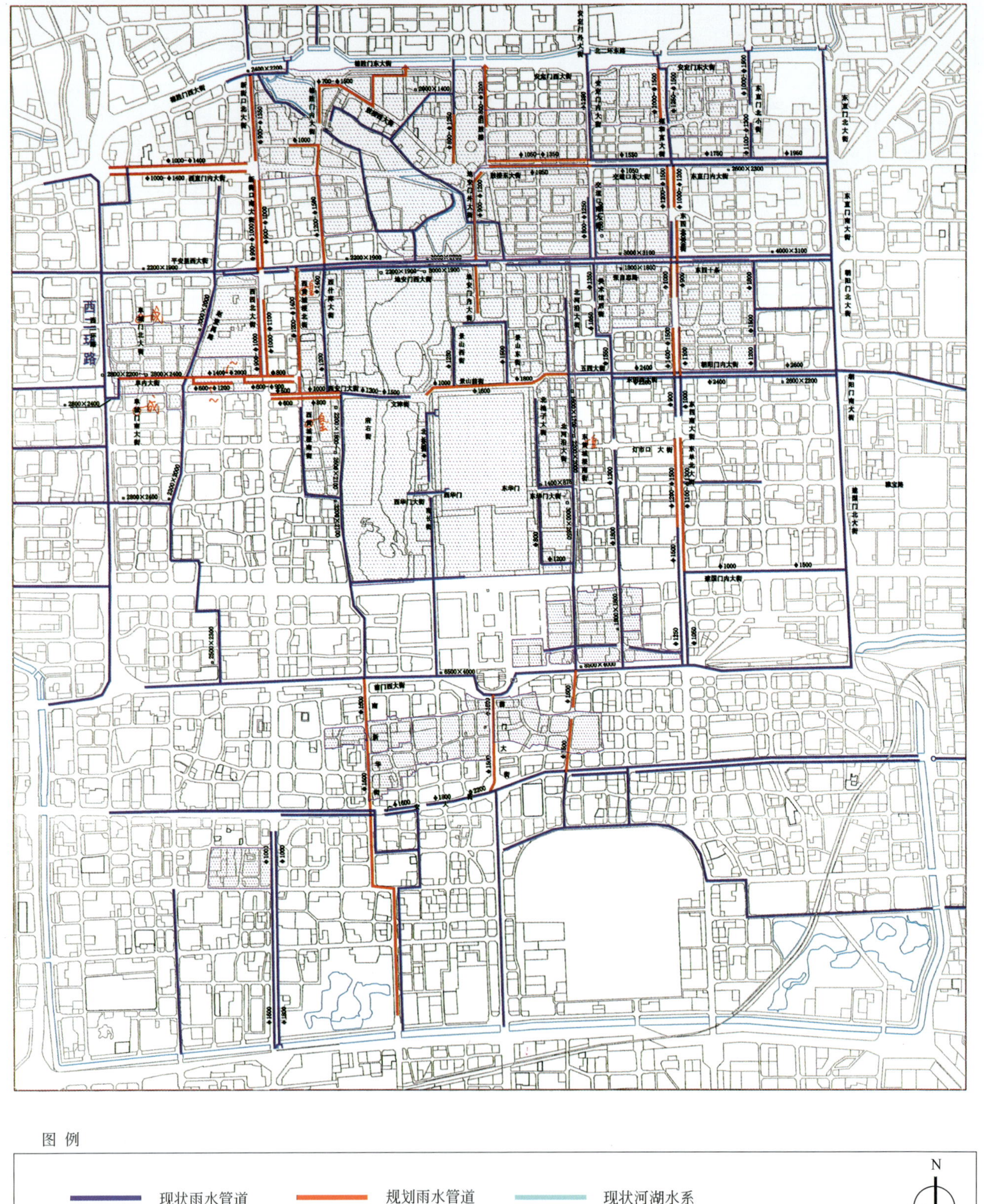

图例

现状雨水管道　规划雨水管道　现状河湖水系

N

雨水规划平面示意图

北京旧城历史文化保护区市政基础设施规划

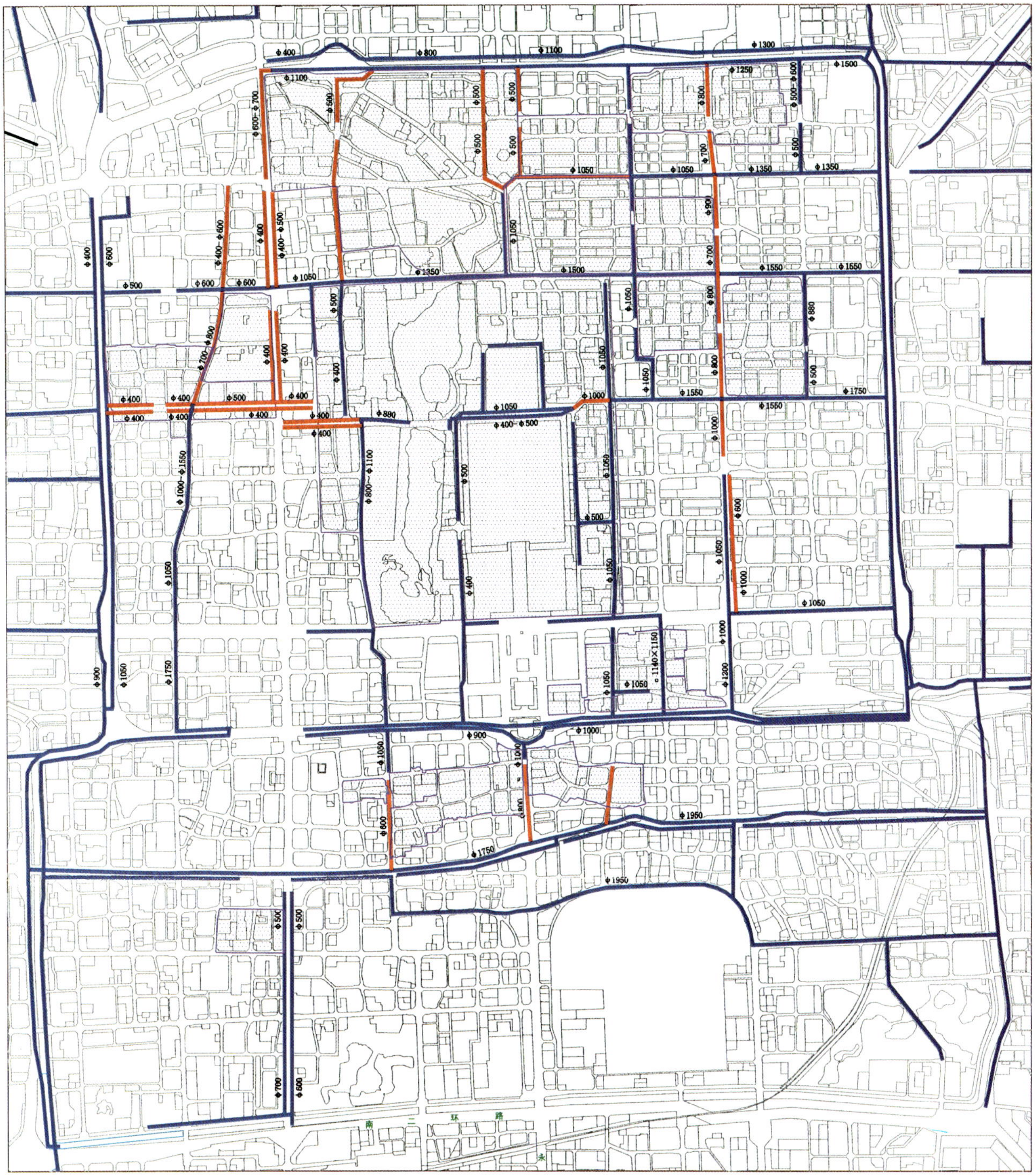

图 例

污水规划平面示意图

北京旧城历史文化保护区市政基础设施规划

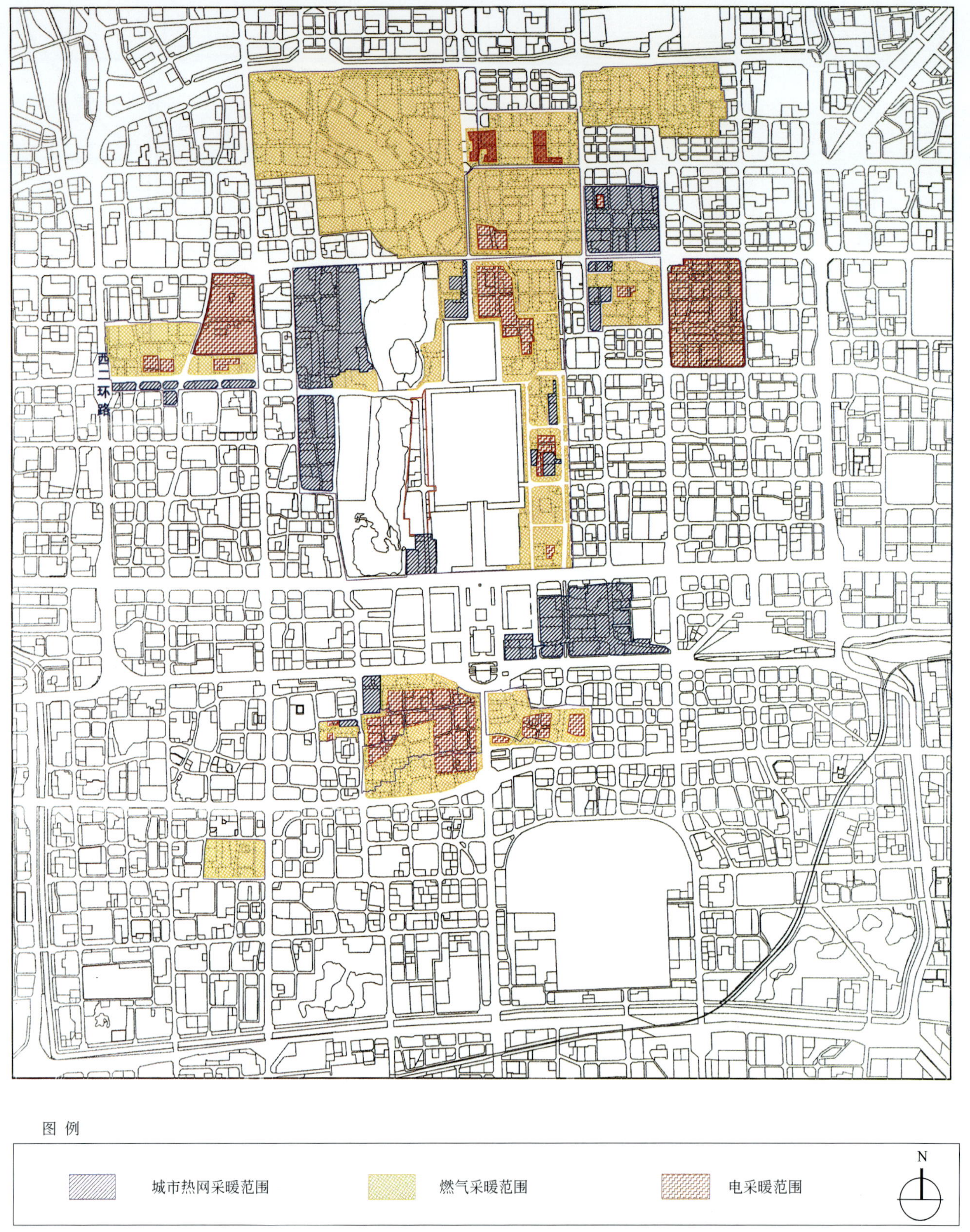

清洁能源采暖分区规划平面示意图

北京旧城历史文化保护区市政基础设施规划

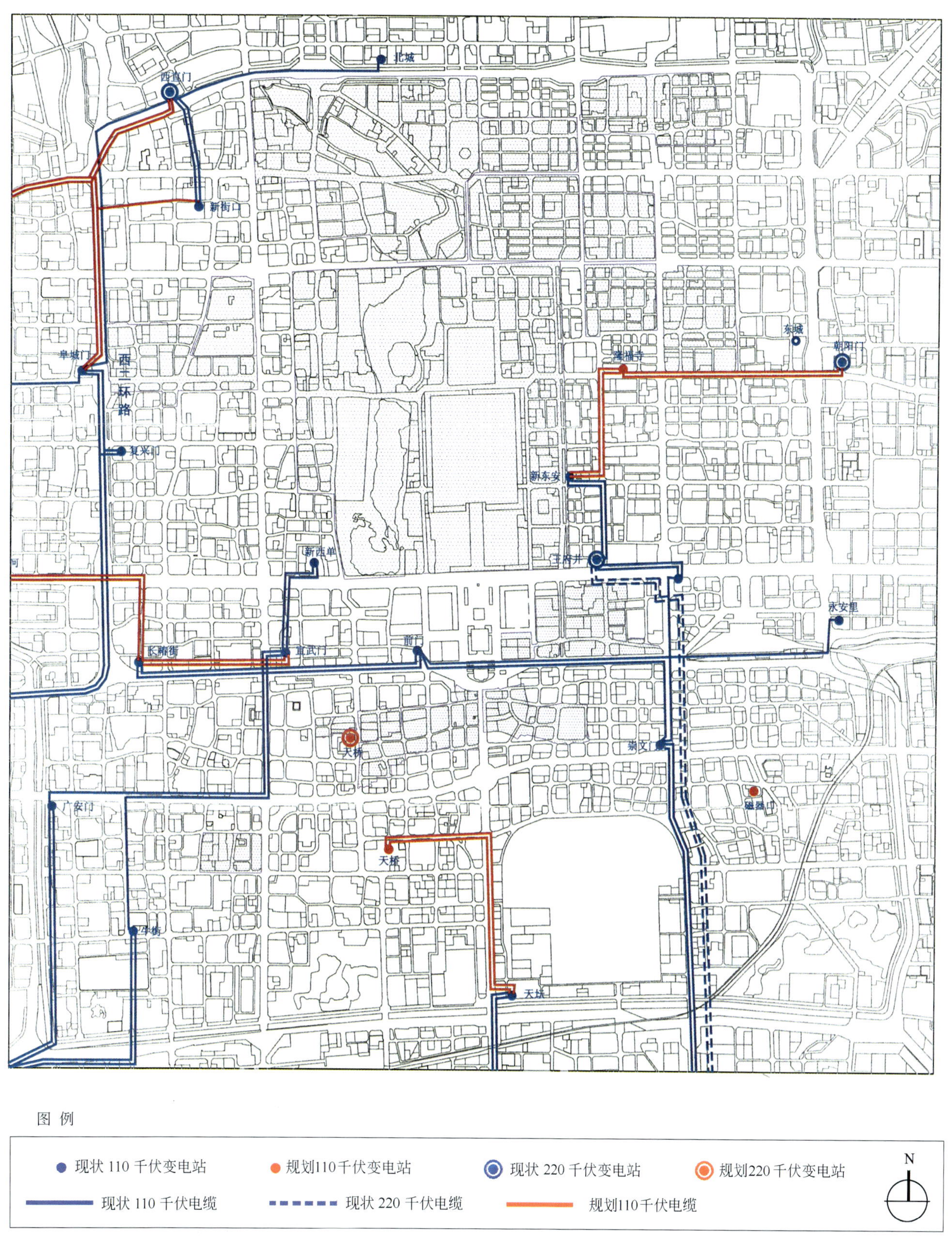

供电规划平面示意图

北京旧城历史文化保护区市政基础设施规划

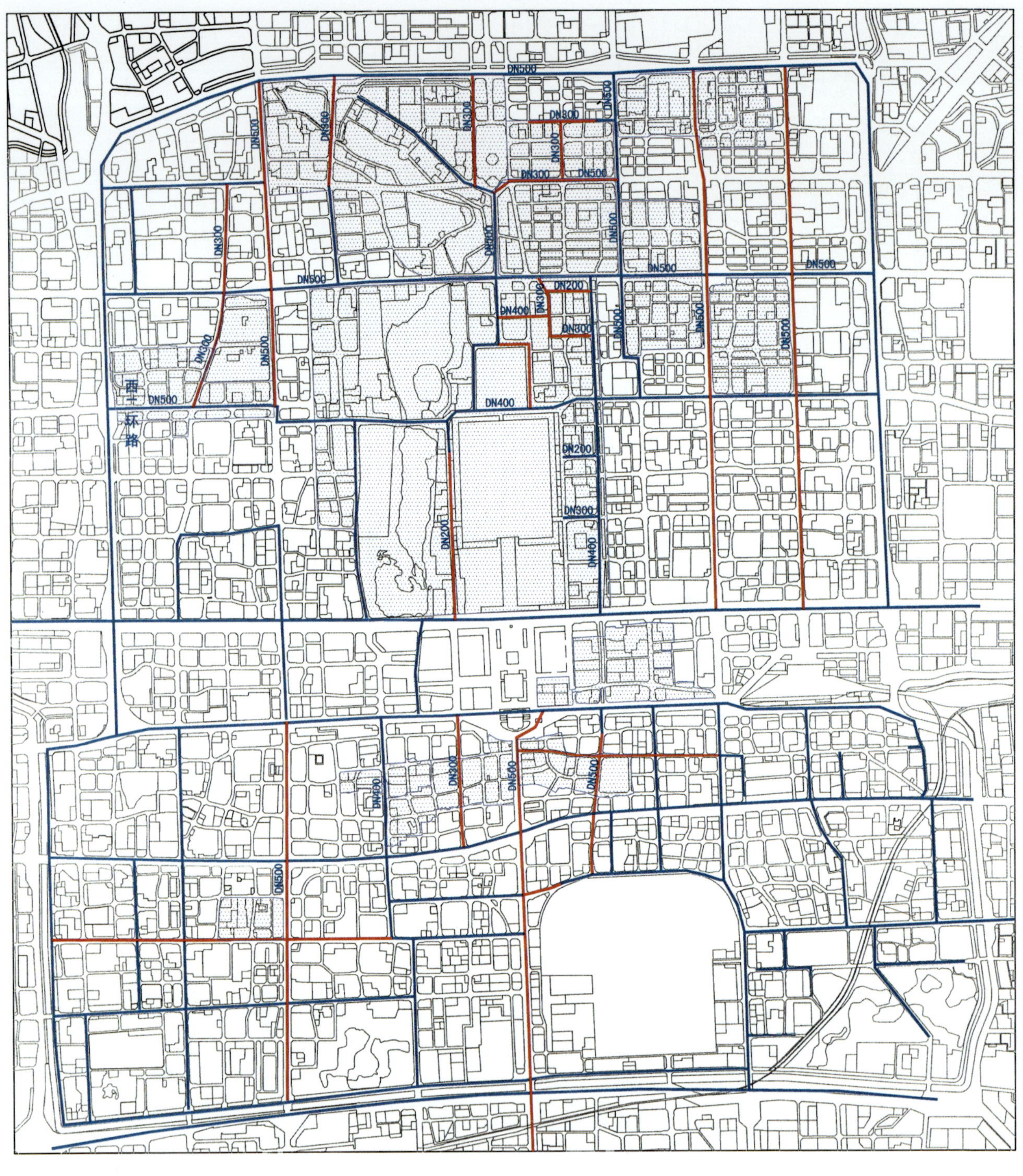

图例

现状中压燃气管道

规划中压燃气管道

N

燃气规划平面示意图

北京旧城历史文化保护区市政基础设施规划

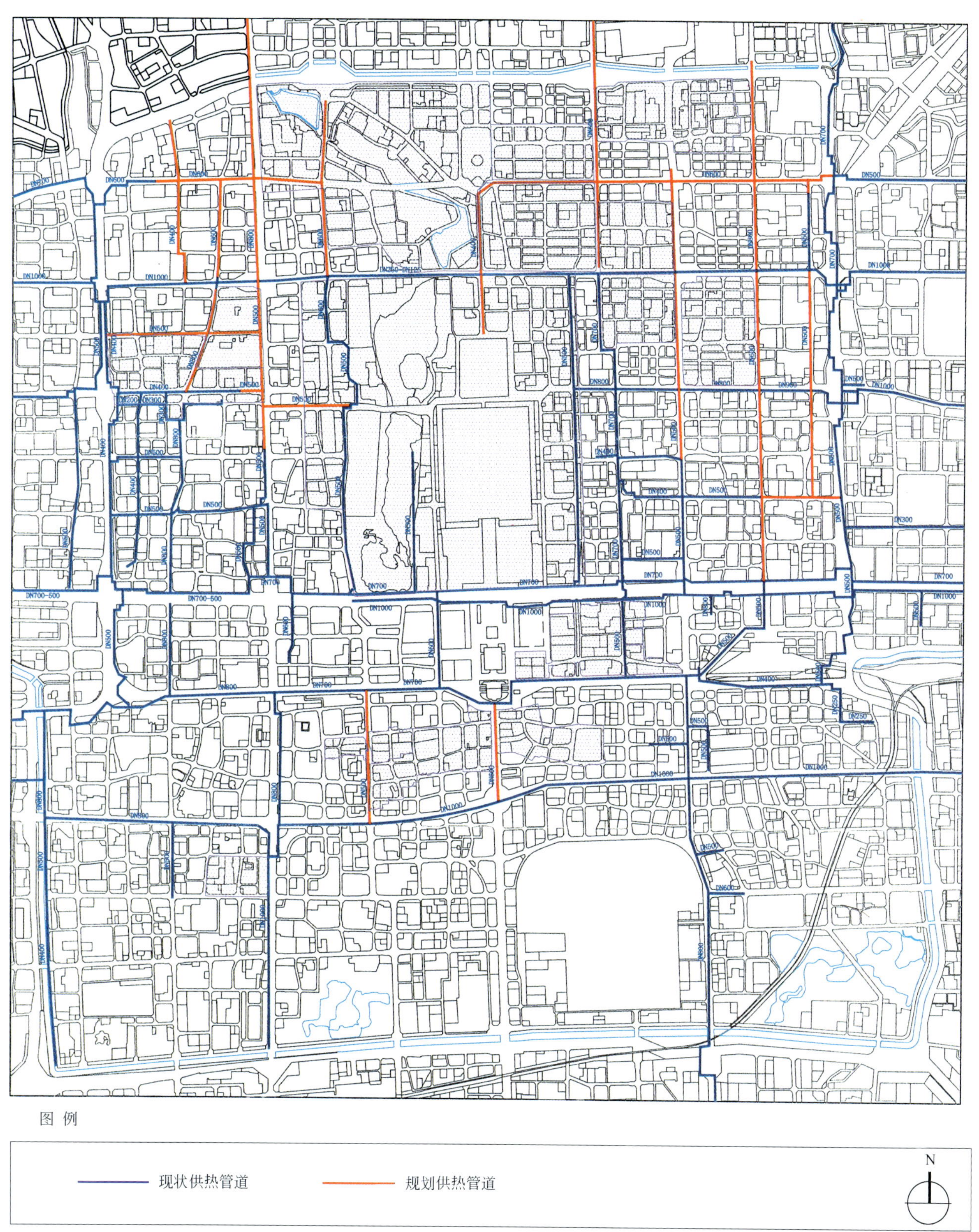

供热规划平面示意图

北京旧城历史文化保护区市政基础设施规划

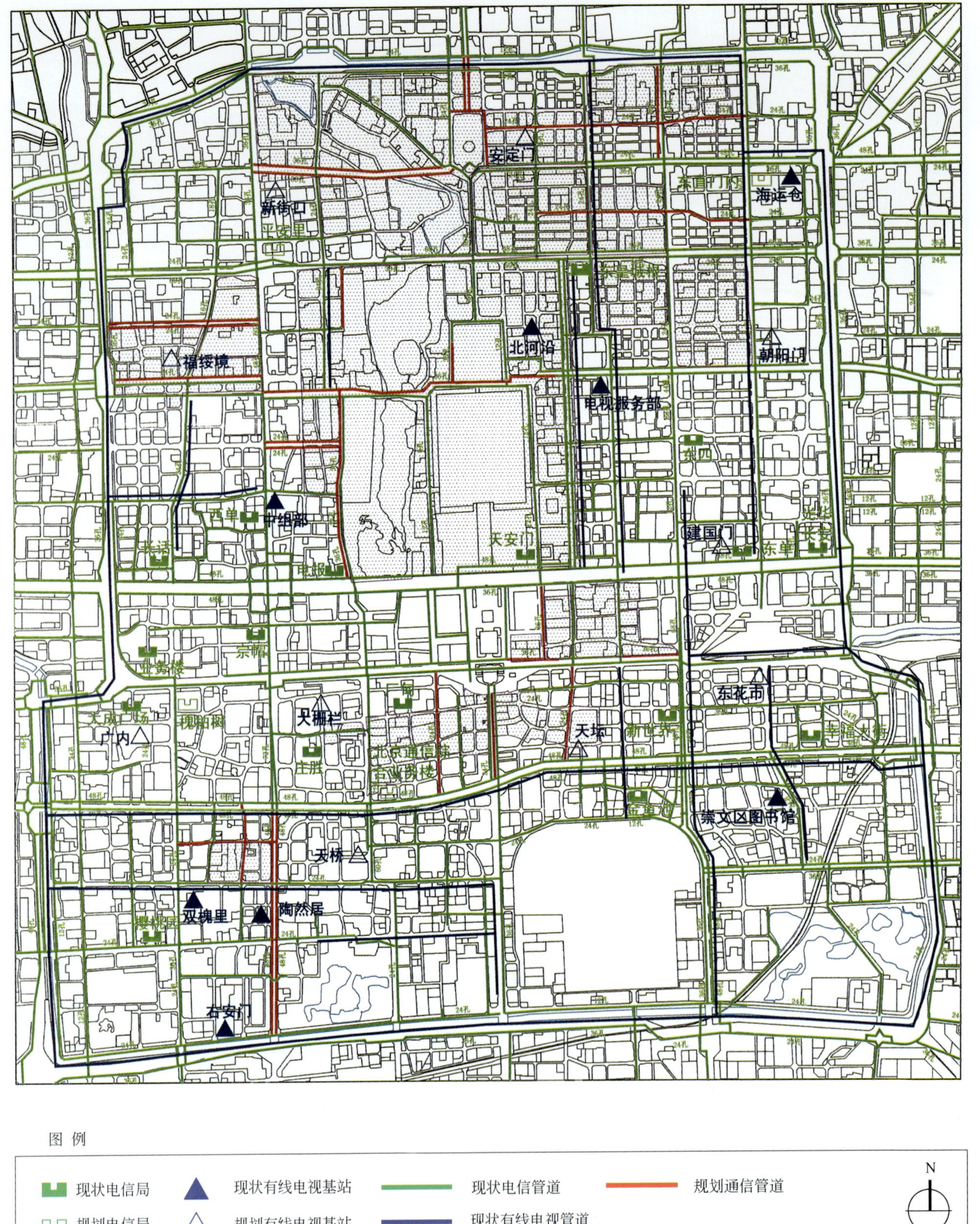

通信规划平面示意图

五、专题报告二：北京旧城历史文化保护区清洁能源采暖规划研究

(一) 前言

北京旧城30片历史文化保护区是市政府于2002年10月正式批准的《北京历史文化名城保护规划》，该规划在旧城区列出了30片历史文化保护区(第一批25片，第二批5片)，作为历史文化名城重要组成部分，要求必须对其历史文化、传统风貌、民族地方特色进行保护，并且要改善、提高保护区内生活、环境质量及市政基础设施的水平。

旧城30片历史文化保护区总占地约1053.9hm^2，现有建筑面积587.7万m^2。保护区内有皇家宫殿、坛庙和皇家园林，还有以青砖灰瓦为传统文化特色的四合院民居。区内道路继承了明清北京旧城路网格局和胡同体系。

旧城30片历史文化保护区有15片分布在旧皇城内，即：南长街、北长街、西华门大街、南池子、北池子、东华门大街、景山东街、景山西街、景山前街、景山后街、地安门内大街、文津街、五四大街、陟山门街及皇城其他地区(扣除以上各片所剩余的地区)；另有10片分布在旧皇城以外的内城，即：西四北头条至八条、东四三条至八条、南锣鼓巷地区、什刹海地区、国子监地区、阜成门内大街、东交民巷、北锣鼓巷地区、张自忠路北、张自忠路南；有5片分布在外城，即：大栅栏、东琉璃厂、西琉璃厂、鲜鱼口地区、法源寺。

为了便于规划研究，将上述30片历史文化保护区划分为21个区域进行研究，即：(1)景山八片(景山东街、景山西街、景山前街、景山后街、地安门内大街、文津街、五四大街、陟山门街)；(2)南北长街及西华门大街；(3)西四北头条至八条；(4)阜成门内大街；(5)什刹海地区；(6)南锣鼓巷；(7)国子监地区；(8)北池子；(9)南池子及东华门大街；(10)东四三条至八条；(11)东交民巷；(12)大栅栏；(13)东琉璃厂；(14)西琉璃厂；(15)鲜鱼口地区；(16)法源寺；(17)北锣鼓巷；(18)张自忠路北；(19)张自忠路南；(20)西什库；(21)府右街。

本课题是研究在风貌保护的前提下、根据《北京旧城历史文化保护区市政工程综合及技术标准研究》的研究成果，解决在不同的保护区采用何种清洁能源供热的问题。

(二) 历史文化保护区现状情况及保护要求

1. 历史文化保护区现状情况

(1) 房屋现状情况

目前旧城平房保护区内，房屋非常密集，除原有密集的合法平房以外，还有相当部分的私搭乱建的平房。一般来说，平房保护区内的居民生活水平较低，冬季采暖的室内温度达不到16℃的要求。而且，这些平房目前绝大部分使用小煤火炉采暖，由于其低空排放，因此对大气环境造成了严重的污染。

依据旧城历史文化保护区影像图和实测图以及实际调查，历史文化保护区平房净高一般在3m左右(不含斜屋顶)，墙厚一般在240～370mm，材料为红砖或青砖，净深3～6m不等，开间3～5间不等。

(2) 历史文化保护区胡同及四合院现状情况

旧城历史文化保护区范围内的胡同一般都十分狭窄。最宽的胡同一般在5～9m，即局部最宽可达9m，多数地段均在6～7m，局部最窄为5m。保护区范围内绝大部分胡同宽度为在2～4m，并且还有雨污水合流管以及电信管道等市政设施。

旧城历史文化保护区不仅建筑密度高，而且人口密度也很高。房屋基本上是房挨房，四合院的格局也是错综复杂。进入四合院的门房过道有的仅1m左右，而且在这1m左右的过道内，还有上水管道及其表井、下水管道等地下设施。在这些四合院内，密集的房屋建筑中，绝大多数都有居住人口。

(3) 历史文化保护区大气环境状况

随着近几年来采暖锅炉煤改气工作的开展，北京旧城内年采暖煤已从100多万t下降到50多万t，也就是说采暖锅炉煤改气工作已基本完成。余下的50多万t采暖用煤主要集中在文保区内。文保区中的绝大部分平房，目前仍然使用小煤火炉燃煤采暖。这种采暖方式，不仅达不到室内采暖温度要求，而且还浪费了能源，严重污染了大气环境。如前门监测站在非采暖季首要污染物一般为氮氧化物，到了采暖季则为二氧化硫。所以，文保区大气环境污染主要是采暖煤烟型污染，使用清洁能源采暖势在必行。

2. 历史文化保护区保护要求

(1) 建筑规划要求

按照市政府批准的历史文化保护区的规划，建筑的保护规划原则是：要根据保护区的性质和特点，保护街区的整体风貌；要保护街区的历史真实性，保护历史遗存和原貌；建设要采取“微循环式”的改造模式，循序渐进，逐步改善；同时积极改善环境质量和基础设施条件，提高居民生活质量。

(2) 路网和胡同规划要求

对于保护区维持原有胡同格局的要求，重点保护区范围内不执行北京市规划中原有道路规划红线要求；保护区道路交通规划应以不破坏保护区内的沿街传统风貌、方便居民出行、改善市政条件为目标；除城市主干道以外，应尽可能限制过境交通；保护区内的交通组织应充分利用现有不同宽度的胡同系统；适当打通一些尽端胡同，拓宽一些瓶颈胡同。

按上述历史文化保护区房屋和胡同的规划要求，不仅给其采暖方式的改造提出了新的课题，而且也给其市政基础设施的建设提出了新的挑战。因为在如此狭窄的胡同和进院条件下，地下管线的安排按照国家现行规范的要求，将会困难重重。另外，如此密集的人口状况也为改造其采暖方式带来很大的困难。

(三) 保护区房屋采暖负荷指标

保护区内的平房按照老建筑和新建筑可分为合瓦屋面平房和机瓦屋面平房。根据旧城平房影像图和实测图以及实际调查进行分析，这些平房净高一般在3m左右(不含斜屋顶)，墙厚一般在240～370mm，材料为红砖或青砖，净深3～6m不等，开间3～5间不等，而且基本上没有采取保温措施。根据《北京旧平房采暖能耗现状分析及改造措施研究》的成果，没有采取保温措施的保护区平房的综合平均热指标在130～150W/m^2。采取外墙保温、室内顶棚保温、门窗保温等措施以后，采暖综合平均热指标可以降低到70W/m^{2}左右。

本次保护区采暖规划是用清洁能源替代煤炭，能源价格会成倍增长。所以，做好保温、降低能耗显得十分重要。因此，保护区采暖综合规划指标按有保温措施70W/m^{2}确定。

(四) 保护区建筑采暖方式及技术经济分析

1. 保护区建筑采暖方式

根据北京市目前的实际情况，保护区采暖用能主要有电、天然气、液化石油气和城市热力及地热(或地温能)。在用电和天然气采暖方式中又分多种形式。其中热泵技术是利用一套设备既能供应采暖用热，也能提供空调用冷。所以，考虑到各个方案之间的可比性，对文保区采暖方式的研究将包括空调方式在内。

从实际出发，经市场调研最后确定文保区有九种建筑采暖及空调方式为本课题的研究方案。即：第一方案：天然气壁挂炉采暖及分体壁挂空调器制冷；第二方案：液化气壁挂炉采暖及分体壁挂空调器制冷；第三方案：天然气楼宇锅炉房采暖及分体壁挂空调器制冷；第四方案：电热膜采暖及分体壁挂空调器制冷；第五方案：户式电蓄热器采暖及分体壁挂空调器制冷；第六方案：电驱空气源热泵采暖及制冷；第七方案：电驱水源热泵采暖及制冷；第八方案：电驱地源热泵采暖及制冷；第九方案：城市热网采暖及分体壁挂空调器制冷，详见表5.1。

2. 不同采暖及空调方式的技术经济性比较

(1) 研究方法

由于各种采暖及空调用能系统的寿命期不同，而且其初投资与运行费也不一定成正比。所以，为客观、合理地反映各方案的经济性差异，本次研究采用净现值法计算各方案的经济指标。

(2) 各种用能系统的能源转换效率

用能系统的能源转换效率是指其年平均效率。不同系统的能源转换效率详见表5.2～表5.4。

文保区采暖及空调方式汇总表 **表5.1**

方案序号	采暖方式	制冷方式	室内系统	系统流程
1	天然气壁挂炉	分体壁挂空调器	暖气片和 空调室内机	(冬季)天然气→壁挂炉 (夏季)电力→分体壁挂空调器
2	液化气壁挂炉	分体壁挂空调器	暖气片和 空调室内机	(冬季)液化气→壁挂炉 (夏季)电力→分体壁挂空调器
3	楼宇天然气锅炉	分体壁挂空调器	暖气片和 空调室内机	(冬季)天然气→锅炉→暖气片 (夏季)电力→分体壁挂空调器
4	电热膜	分体壁挂空调器	电热膜和 空调室内机	(冬季)电力→电热膜 (夏季)电力→分体壁挂空调器
5	户式蓄热电炉	分体壁挂空调器	暖气片和 空调室内机	(冬季)电力→户式蓄热电炉 (夏季)电力→分体壁挂空调器
6	电驱空气源热泵空调器		空调室内机	电力→热泵空调器
7	电驱水源热泵空调器		空调室内机	电力→热泵空调器
8	电驱地源热泵空调器		空调室内机	电力→热泵空调器
9	城市热网	分体壁挂空调器	暖气片和 空调室内机	(冬季)城市热网→热力站→暖气片 (夏季)电力→分体壁挂空调器

电力系统 **表5.2**

分类	能源转化效率(%)	分类	能源转化效率(%)
发电厂	30.0	10kV电网	96.0
110kV电网	98.0		

供热系统 **表5.3**

分类	能源转化效率(%)	分类	能源转化效率(%)
燃气分散锅炉房	90.0	电锅炉	90.0
燃气壁挂式采暖器	85.0	户式电锅炉	98.0
电热膜	98.0		

制冷系统 **表5.4**

分类	能源转化效率(%)	分类	能源转化效率(%)
1. 空气源热泵	2.7(1.9)	3. 地源热泵	4.5(2.5)
2. 水源热泵	5.0(3.0)		

注：括号内数据为供热工况。

(3) 有关能源价格的确定

能源价格是影响各用能方案经济性的关键因素之一。合理的能源价格应该是能够维持该种能源生产及再生产的价格。目前，我国能源价格体系较为混乱，留有计划经济的痕迹，市场售价不能完全反映能源的价值。然而，考虑到这种局面不是短期内能改变的，因此在确定能源价格时仍按市场价考虑。详见表5.5。

(4) 有关成本计算的参数

在方案的运行成本计算中，取(1)固定资产形成率为0.95；(2)基本折旧率：土建为2%，设备为5%；(3)大修费取基本折旧费的40%；(4)维修费：电锅炉为4%，其他为2%；(5)采暖最大负荷利用小时：城市热网采暖取2134h，其他采暖方式取1800h；(6)空调最大负荷利用小时：住宅及公建平均取670h；(7)人工费12000元/年；(8)设备寿命期：户式空调器、热泵式空调器和燃气壁挂采暖器寿命期为10年，其他设备均为20年。

(5) 经济计算结果

经计算，在文保区建筑的九个采暖及空调方案中，最经济的方案(净现值最小)为第七方案，即电驱水源热泵采暖及制冷。其次是第三方案，即天然气楼宇锅炉房采暖及分体壁挂空调器制冷。使用分体壁挂空调器制冷。经济性较差(净现值最大)为第二方案，即液化气壁挂炉采暖及分体壁挂空调器制冷。其次为第一方案，即天然气壁挂炉采暖及分体壁挂空调器制冷。详见表5.6。

3. 结论

(1) 在电采暖的五个方案中，除第八方案(地源热泵)和第四方案(电热膜)投资较高外，其他三个方案的经济性排名靠前，特别是第七方案(水源热泵)名列第一。但是，由于地下水的开采受到资源和水源保护条件的限制，能够使用水源热泵的用户十分有限，对于文保区更是如此。因此，真正有推广意义的电采暖方式是第五和第六方案，即：蓄热式电采暖和空气源热泵采暖。

(2) 液化气采暖由于耗气大，换罐瓶量大，而且液化石油气的市场供应不十分稳定，价格波动很大，价格昂贵，不宜采用。

(3) 天然气采暖需引进天然气管道，而文保区内现状情况基本不具备敷设天然气管道的条件。因此，天然气采暖的前提条件是成片统一开发。

(4) 城市热力采暖虽然经济好，但由于热力管网要占用较宽的路面，文保区内绝大部分胡同难以安排。所以，只有临近城市道路，且有城市热网的地区可采用这种采暖方式。

(五) 保护区清洁能源供热规划

1. 供热区划

供热区划的主要目的是解决采暖用能问题，即通过供热区划，确定天然气、电力以及城市热力在历史文化保护区中的供热范围，并以此为依据，编制供气方案、供电方案、城市热力管网方案。

(1) 供热区的划定原则

1) 按照经济性确定区划原则

按照经济性原则，首选天然气作为保护区的采暖能源，其次为电力。因此，在有条件建设天然气管线的区域内，原则上应该划为天然气采暖区域。

2) 按照胡同条件确定区划原则

历史文化保护区引入市政基础设施的规划研究，主要是为了解决在保护区的统一改造中，在采用先进技术的情况下，在不同宽度的胡同中怎样布置市政管线的问题，其中管线之间的水平间距多是按照最小施工距离来确定的，所以要求各种市政管线同时施工，才能在有限宽度的胡同内，尽可能多地安排市政管线。另外，若保护区没有统一改造计划，而近期又要求进行优质能源替代采

能源价格及特性　　表5.5

能源种类	能源热值	能源计算价格
电力	3600kJ/kWh	低谷：0.20元/kWh 非低谷（居民）：0.45元/kWh 非低谷（公建）：0.60元/kWh
天然气	35588kJ/kg	1.8元/m^3
液化石油气	46055kJ/kg	3350元/t
自来水		3元/t
热力		28元/m^2

文保区建筑采暖空调方式经济性计算结果汇总表　单位：元/m^2　表5.6

		初投资	经营成本	净现值	采暖排序	总排序
方案一	制冷系统	146.7	13.0	365.8	8	8
	供热系统	177.8	35.7	902.9		
	合计	324.5	48.7	1268.7		
方案二	制冷系统	146.7	13.0	365.8	9	9
	供热系统	177.8	47.5	1038.6		
	合计	324.5	60.5	1404.4		
方案三	制冷系统	146.7	13.0	365.8	1	2
	供热系统	76.3	29.1	381.5		
	合计	222.9	42.1	747.3		
方案四	制冷系统	146.7	13.0	365.8	7	7
	供热系统	295.6	59.0	799.5		
	合计	442.3	72.0	1165.2		
方案五	制冷系统	146.7	13.0	365.8	4	4
	供热系统	299.3	29.0	476.6		
	合计	446.0	42.1	842.4		
方案六	制冷系统	59.9	11.7	245.6	5	5
	供热系统	146.4	28.6	599.8		
	合计	206.3	40.3	845.4		
方案七	制冷系统	42.2	7.3	171.3	3	1
	供热系统	103.0	17.9	418.3		
	合计	145.1	25.2	589.6		
方案八	制冷系统	76.7	9.2	285.9	6	6
	供热系统	187.2	22.5	698.2		
	合计	263.9	31.7	984.1		
方案九	制冷系统	146.7	13.0	365.8	2	3
	供热系统	131.6	29.8	400.7		
	合计	278.3	42.8	766.5		

暖用煤，则最合适的方式是用蓄热电采暖。

在上述条件下，经研究，5m以下(不含5m)宽度的胡同没有条件建设天然气管道，这样，电采暖的主要供热范围是在这些区域中。

3）按照城市热力现状供热范围确定区划原则

由于绝大多数保护区内的胡同宽度均没有条件安排城市热力管线，而只有个别保护区具有这种条件，而且现状为城市热力用户(主要是楼房，如东郊民巷、皇城等)，因此规划城市热力供热区以现状城市热力的供热范围为主，基本不扩大其在保护区内的供热范围。

4）按照天然气、电网条件确定区划原则

除了上述区划原则以外，在划定保护区的供热区划时，还同时考虑了天然气、电网的供应条件。如在保护区中，虽然有些胡同的宽度不能满足建设天然气管道的条件，但由于其周围均是天然气供热区，即天然气供应条件良好，则其也将被划为天然气供热区，将来在整合四合院时，适当拓宽这条胡同的宽度达5m以上即可(这也符合保护区交通规划的要求)。同样，一些宽度在5m以上的胡同，若其供电条件较好，也可能被划为电采暖区域。

(2) 供热区划

根据以上供热区划原则，在考虑天然气、电力、热力供应现状和规划可能后，对文保区进行了天然气采暖区、电采暖区、城市热力采暖区的划分。

经初步统计，文保区总占地面积约1053.9hm²，估算建筑面积约587.7万m²。其中：由天然气供热的面积为258.2万m²，占总供热面积的43.9%；由热力供热的面积为213.3万m²，占总供热面积的36.3%；由电力供热的面积为116.2万m²，占总供热面积的19.8%。详见表5.7和图1.31。

2. 保护区清洁能源供热规划方案

为了保证文保区清洁能源的供应，天然气、热力和电力需要安排相应的工程。天然气工程需敷设*DN*200～*DN*400的中低压燃气管道80.92km，修建中低压调压站(箱)38座；热力工程需敷设*DN*300～*DN*800的热力管道21.82km及相应的热力站；供电工程需修建110kV变电站4座(雍和宫、白塔寺站、北新桥站和天桥站)、10kV开闭站9座及相应的电力管道。现分片详述如下。

(1) 景山八片

景山八片占地90.6hm²，建筑面积约50.2万m²。规划天然气供热面积31.5万m²，电力供热10.4万m²，热力供热8.3万m²。

1）天然气规划

景山八片的现状燃气设施比较完善，不再考虑规划新的燃气管道。

2）热力规划

地安门东、西大街有现状*DN*1000热力管线，北河沿大街有现状*DN*500热力管线。

规划沿地安门内大街敷设*DN*400热力管线，以满足新增用户的要求。

3）供电规划

规划区内安排2座10kV开闭站，电源分别来自现状隆福寺和规划雍和宫110kV变电站。

沿地安门东大街、地安门内大街、景山后街、景山东街、景山西街等主要道路安排电力管道。

(2) 南北长街

南北长街占地30.5hm²，建筑面积约15.3万m²。规划天然气供热面积7.1万m²，热力供热8.2万m²。

1）天然气规划

在南长街和西长安街路口已有*DN*250中压天然气管线，北长街路口、文津街上有现状*DN*400中压天然气管线。

北京旧城历史文化保护区分片规划供热情况汇总表　　表 5.7

地块名称	用地（hm^2）	建筑面积（万 m^2）	天然气供热面积（万 m^2）	热力供热面积（万 m^2）	电力供热面积（万 m^2）
1. 景山八片	90.6	50.2	31.5(62.7%)	8.3(16.5%)	10.4(20.8%)
2. 南北长街	30.5	15.3	7.1(46.4%)	8.2(53.6%)	0
3. 西四北头条至八条	37.2	18.6	0	0	18.6(100%)
4. 阜成门内	56.2	28.1	19.8(70.5%)	4.7(16.7%)	3.6(12.8)
5. 什刹海地区	26.6	13.3	10.1(75.9%)	3.2(24.1%)	0
6. 南锣鼓巷	81.8	40.9	29.1(71.1%)	8.2(20.1%)	3.6(8.8%)
7. 国子监	90.0	45.0	43.6(96.9%)	1.4(3.1%)	0
8. 北池子	27.0	13.5	7.4(54.8%)	3.7(27.4%)	2.4(17.8%)
9. 南池子、东华门	31.6	15.8	6.7(42.4%)	7.9(50.0%)	1.2(7.6%)
10. 东四三条至八条	66.1	33.1	0	0	33.1(100%)
11. 东交民巷	64.8	32.4	0	32.4(100%)	0
12. 大栅栏	119.4	64.0	31.2(48.8%)	7.4(11.5%)	25.4(39.7%)
13. 东琉璃厂	10.0	6.0	1.6(26.7%)	0.9(15.0%)	3.5(58.3%)
14. 西琉璃厂	6.2	3.1	1.8(58.1%)	0.7(22.6%)	0.6(19.3%)
15. 鲜鱼口	34.6	17.3	9.4(54.3%)	0.6(3.5%)	7.3(42.2%)
16. 法源寺	10.6	10.0	5.0(50.0%)	5.0(50.0%)	0
17. 北锣鼓巷	51.8	25.9	19.1(73.8%)	2.1(8.0%)	4.7(18.2%)
18. 张自忠路北	44.6	22.3	18.5(83.0%)	2.8(12.6%)	1.0(4.4%)
19. 张自忠路南	43.8	21.9	16.3(74.4%)	4.8(21.9%)	0.8(3.7%)
20. 西什库	100.0	90.0	0	90.0(100.0%)	0
21. 府右街	30.5	21.0	0	21.0(100.0%)	0
合　计	1053.9	587.7	258.2(43.9%)	213.3(36.3%)	116.2(19.8%)

注：括号内数据为占总建筑面积的比例。

规划区内设置中低压调压站（箱）共2座，其中区域东、西两侧各设置1座站，具体位置根据现场情况确定。

在规划区内敷设中、低压燃气管线，管径 *DN*200～*DN*400，管线总长约 3784m。

2）热力规划

西长安街有现状 *DN*700 热力管线，规划区内有现状 *DN*250～*DN*300 热力管线。新增用户可由现有热力管线供给。

（3）西四北头条至八条

西四北头条至八条占地 37.2hm^2，建筑面积约 18.6 万 m^2，规划全部由电力供热。

供电方案是：由现状新街口 110kV 变电站出 4 路 10kV 电缆向该区域供电。规划沿阜成门内大街、西四北大街、西四北头条、西四北八条等道路胡同安排电力管道。

（4）阜成门内

阜成门内占地 56.2hm²，建筑面积约 28.1 万 m²。规划天然气供热面积 19.8 万 m²，电力供热 3.6 万 m²，热力供热 4.7 万 m²。

1）天然气规划

在阜成门内大街上有 *DN*500 中压天然气管线。

规划区内设置中低压调压站（箱）共 3 座，分别位于区域的北侧、东侧和西侧，具体位置根据现场情况确定。

规划敷设中、低压燃气管线，管径由 *DN*200～*DN*400，管线总长约 6300m。

2）热力规划

阜成门南、北大街及阜成门内大街有现状 *DN*400 热力管道。规划沿赵登禹路、西四北大街、西四北四条、西四北头条、东弓匠胡同及大茶叶胡同敷设 *DN*500～*DN*800 热力管道。新增用户可由上述热力管线供给。

3）供电规划

规划在保护区内建设 1 座开闭站。电源来自规划 110kV 白塔寺变电站。规划沿赵登禹路、安平巷、西四北头条、阜成门内大街、丁章胡同、羊肉胡同等安排电力管道。

（5）什刹海地区

什刹海地区占地 26.6hm²，建筑面积约 13.3 万 m²。规划燃气供热 10.1 万 m²，热力供热 3.2 万 m²。

1）天然气规划

地安门西大街、德胜门东大街有现状 *DN*500 中压天然气管线，沿鼓楼西大街有现状 *DN*200 中压天然气管线。

规划区内设置中低压调压站（箱）共 4 座，分别位于区域东北、西北、东南和西南侧，具体位置根据现场情况确定。

规划区内敷设中、低压燃气管线，管径由 *DN*200～*DN*400，管线总长约 5200m。

2）热力规划

地安门西大街有现状 *DN*1000 热力管道。规划沿德胜门内大街、地安门外大街敷设 *DN*400～*DN*600 热力管道。新增用户可由上述热力管线供给。

（6）南锣鼓巷

南锣鼓巷占地 81.8hm²，建筑面积约 40.9 万 m²。规划天然气供热面积 29.1 万 m²，热力供热 8.2 万 m²，电力供热 3.6 万 m²。

1）天然气规划

交道口南大街和地安门外大街有现状 *DN*400 中压天然气管线，地安门东大街有现状 *DN*400 中压天然气管线，在东棉花胡同已敷设 *DN*200 中压天然气管线。

规划内设置中低压调压站（箱）共 3 座，分别位于区域的西北侧、东南侧和正北侧，具体位置根据现场情况确定。现状中低压调压站（箱）共 1 座，位于区域的东侧。

规划区内敷设中、低压燃气管线，管径由 *DN*200～*DN*300，管线总长约 4458m。

2）热力规划

地安门西大街有现状 *DN*1000 热力管道。规划沿德胜门内大街、地安门外大街敷设 *DN*400～*DN*600 热力管道。新增用户可由上述热力管线供给。

3）供电规划

由规划北新桥 110kV 变电站出 4 路电缆至该区域，区域内需要建设 1 座开闭站。规划沿地安门外大街、平安大街等道路胡同安排电力管道。

（7）国子监

国子监占地 90.0hm²，建筑面积约 45.0 万 m²。规划天然气供热面积 43.6 万 m²，热力供热 1.4 万 m²。

1）天然气规划

安定门内大街有现状 *DN*500 中压天然气管线。规划区内设置中低压调压站（箱）共 6 座，具体位置根据现场情况确定。规划区内敷设中、低压燃气管线，管径由 *DN*200～*DN*400，管线总长约 9500m。

2）热力规划

规划沿安定门内大街、东直门北小街敷设 *DN*600～*DN*800 热力管道。新增用户可由上述热力管线供给。

（8）北池子

北池子占地 27.0hm²，建筑面积约 13.5 万 m²。规划天然气供热面积 7.4 万 m²，电力供热 2.4 万 m²，热力供热 3.7 万 m²。

1）天然气规划

北河沿大街有现状 *DN*400 中压天然气管线，在东华门大街有现状 *DN*300 中压天然气管线。规划区内设置中低压调压站（箱）共 2 座，其中区域东北和西南侧各设置 1 座站（箱），具体位置根据现场情况确定。规划区内敷设中、低压燃气管线，管径由 *DN*200～*DN*400，管线总长约 3500m。

2）热力规划

东华门大街有现状 *DN*400 热力管线，北河沿大街有现状 *DN*500 热力管线，北池子大街南段有现状 *DN*500 热力管线。新增用户可由现状热力管线供给。

3）供电规划

由现状 110kV 新东安变电站出双路电缆至该区供电。规划沿北河沿大街、北池子大街等道路胡同安排电力管道。

（9）南池子及东华门

南池子及东华门占地 31.6hm²，建筑面积约 15.8 万 m²。规划天然气供热面积 6.7 万 m²，电力供热 1.2 万 m²，热力供热 7.9 万 m²。

1）天然气规划

南河沿大街有现状 *DN*400 中压天然气管线，在东华门大街有现状 *DN*300 中压天然气管线。规划区内设置中低压调压站（箱）共 2 座，其中区域东北和西南侧各设置 1 座站（箱），具体位置根据现场情况确定。规划区内敷设中、低压燃气管线，管径由 *DN*200～*DN*400，管线总长约 3700m。

2）热力规划

东华门大街有现状 *DN*400 热力管线，南河沿大街有现状 *DN*500 的热力管线，南池子大街有现状 *DN*450 热力管线。新增用户可由现状热力管线供给。

3）供电规划

由现状 110kV 新东安变电站出双路电缆至该区供电。规划沿东华门大街、南池子大街、东银丝胡同安排电力管道。

（10）东四三条至八条

东四三条至八条占地 66.1hm²，建筑面积约 33.1 万 m²。规划全部采用电力供热。

供电方案是：由现状朝阳门 220kV 和隆福寺 110kV 变电站各出双路电缆向该区域提供电源。规划沿朝阳门北小街、朝阳门内大街、东四四条、东四五条、东四八条等道路胡同安排电力管道。

（11）东交民巷

东交民巷占地 64.8hm²，建筑面积约 32.4 万 m²，规划全部使用热力供热。

前门东大街现状有 *DN*700 热力管道，东长安街现状有 *DN*1000 热力管道，台基厂大街现状有 *DN*500 热力管道。区内其余道路大部分也均有现状的热力管道。新增用户可由上述热力管线供给。

（12）大栅栏

大栅栏占地 119.4hm²，建筑面积约 64.0 万 m²。规划天然气供热面积 31.2 万 m²，电力供热 25.4 万 m²，热力供热 7.4 万 m²。

1）天然气规划

前门西大街、南新华街有现状燃气中压管道。规划区内设置中低压调压站（箱）共 3 座，其中区域东南角西南侧和东北角各设置 1 座站（箱），具体位置根据现场情况确定。规划区内敷设中、低压燃气管线，管径由 *DN*200～*DN*400，管线总长约 14780m。

2）热力规划

前门西大街现状有 *DN*700 热力管道，广安门大街现状有 *DN*1000 热力管道。规划沿南新华街敷设 *DN*500 热力管道，沿前门大街敷设 *DN*600 热力管道。新增用户可由上述热力管线供给。

3）供电规划

位于现状前门 110kV 变电站以及规划天桥 110kV 变电站供电范围内，由于该地区用电量大，由规划天桥 110kV 变电站出四路电缆至该区内新建 2 座开闭站供电。规划沿延寿街、胭脂胡同、人大西侧路南延、铁树斜街、大栅栏街等道路胡同安排电力管道。

（13）东琉璃厂

东琉璃厂占地 10.02hm^2，建筑面积约 6.0 万 m^2。规划天然气供热面积 1.6 万 m^2，电力供热 3.5 万 m^2，热力供热 0.9 万 m^2。

1）天然气规划

南新华街有现状燃气中压管道。规划区内设置中低压调压站（箱）1 座，位于规划区东侧，具体位置根据现场情况确定。规划区内敷设中、低压燃气管线，管径由 *DN*200～*DN*400，管线总长约 630m。

2）热力规划

规划沿南新华街敷设 *DN*500 热力管道，新增用户可由该热力管线供给。

3）供电规划

由天桥规划 110kV 变电站出双路电缆至该区供电。规划沿琉璃厂东街铺设电力管道。

（14）西琉璃厂

西琉璃厂占地 6.2hm^2，建筑面积约 3.1 万 m^2。规划天然气供热面积 1.8 万 m^2，电力供热 0.6 万 m^2，热力供热 0.7 万 m^2。

1）天然气规划

南新华街有现状燃气中压管道。规划区内敷设中、低压燃气管线，管径由 *DN*200～*DN*400，管线总长约 1270m。

2）热力规划

规划沿南新华街敷设 *DN*500 热力管道，新增用户可由该热力管线供给。

3）供电规划

由天桥规划 110kV 变电站出双路电缆至该区供电。规划沿琉璃厂西街、北柳巷、南柳巷等道路胡同安排电力管道。

（15）鲜鱼口

鲜鱼口占地 34.6hm^2，建筑面积约 17.3 万 m^2。规划天然气供热面积 9.4 万 m^2，电力供热 7.3 万 m^2，热力供热 0.6 万 m^2。

1）天然气规划

前门东大街和珠市口东大街上有中压天然气管线。规划区内设置中低压调压站（箱）2 座，分别位于规划区东北侧和西南侧，具体位置根据现场情况确定。规划区内敷设中、低压燃气管线，管径由 *DN*200～*DN*400，管线总长约 5200m。

2）热力规划

规划沿前门大街敷设 *DN*600 热力管道，新增用户可由该热力管线供给。

3）供电规划

位于现状前门 110kV 变电站以及规划天桥 110kV 变电站供电范围内，由天桥 110kV 变电站出四路电缆至该区内新建 2 座开闭站供电。规划沿西兴隆街、草场二条、草场九条、草场横胡同、鲜鱼口街、前门东辅路等道路胡同安排电力管道。

（16）法源寺

法源寺占地 10.6hm^2，建筑面积约 10.0 万 m^2。规划天然气供热面积 5.0 万 m^2，热力供热 5.0 万 m^2。

1）天然气规划

规划区内无现状天然气管线。规划区内设置中低压调压站（箱）2 座，分别位于规划区东北侧和西南侧，具体位置根据现场情况确定。规划区内敷设中、低压燃气管线，管径由 *DN*200～*DN*400，管线总长约 4300m。

2）热力规划

沿菜市口南大街现状有 *DN*1000 热力管道，新增用户可由该热力管线供给。

(17) 北锣鼓巷

北锣鼓巷占地51.8hm²，建筑面积约25.9万m²。规划天然气供热面积19.1万m²，电力供热4.7万m²，热力供热2.1万m²。

1) 天然气规划

在鼓楼东大街、安定门内大街上有*DN*500中压天然气管线，在净土胡同有敷设*DN*300中压天然气管线。规划区内设置中低压调压站(箱)3座，分别位于规划区东侧、北侧和西侧，具体位置根据现场情况确定。规划区内敷设中、低压燃气管线，管径由*DN*200～*DN*400，管线总长约6300m。

2) 热力规划

规划沿安定门内大街、鼓楼东大街敷设*DN*400～*DN*600热力管道。新增用户可由上述热力管线供给。

3) 供电规划

由北新桥规划110kV变电站出4路电缆至该区域，区域内需要建设1座开闭站。规划沿鼓楼东大街、北锣鼓巷等道路胡同安排电力管道。

(18) 张自忠路北

张自忠路北占地44.6hm²，建筑面积约22.3万m²。规划天然气供热面积18.5万m²，电力供热1.0万m²，热力供热2.8万m²。

1) 天然气规划

交道口南大街、张自忠路现状有*DN*500的天然气中压管道。规划区内设置中低压调压站(箱)共3座，分别位于区域的北侧、东侧和西侧，具体位置根据现场情况确定。规划区内敷设中、低压燃气管线，管径由*DN*200～*DN*400，管线总长约6000m。

2) 热力规划

张自忠路有现状*DN*1000热力管道。规划沿交道口南大街、东四北大街敷设*DN*500～*DN*600热力管道。新增用户可由上述热力管线供给。

3) 供电规划

区内建1座10kV开闭站，电源来自规划110kV北新桥变电站。规划沿东四北大街、张自忠路、交道口南大街、香饵胡同、北剪子巷等道路胡同安排电力管道。

(19) 张自忠路南

张自忠路南占地43.8hm²，建筑面积约21.9万m²。规划天然气供热面积16.3万m²，电力供热0.8万m²，热力供热4.8万m²。

1) 天然气规划

美术馆后街、张自忠路现状有*DN*500的天然气中压管道。规划区内设置中低压调压站(箱)共2座，分别位于区域的北侧和东侧，具体位置根据现场情况确定。现状中低压调压站(箱)共2座，分别位于区域的西侧和南侧。规划区内敷设中、低压燃气管线，管径由*DN*200～*DN*400，管线总长约6000m。

2) 热力规划

张自忠路有现状*DN*1000热力管道，美术馆后街有现状*DN*700热力管道。新增用户可由上述热力管线供给。

3) 供电规划

区内建一座10kV开闭站，电源来自规划110kV北新桥变电站。规划沿张自忠路、美术馆后街、东四南大街、魏家胡同、什锦花园胡同、育群胡同等道路胡同安排电力管道。

(20) 西什库

西什库占地100.0hm²，建筑面积约90.0万m²。规划全部由热力供热。

规划沿西安门大街敷设*DN*500热力管道。规划区内其余道路大部分有现状热力管道，新增用户可由上述热力管线供给。

(21) 府右街

府右街占地30.5hm²，建筑面积约21.0万m²。规划全部由热力供热。

规划区内大部分道路有现状热力管道，新增用户可由这些热力管线供给。

(六) 需要说明的问题

1. 本规划的采暖用能区划是原则性的，在实际工程中不排除个别用户选用规划以外的清洁能源采暖方式。

2. 本规划以成片开发、统一改造为前提。如果保护区在近期没有建筑的改造或开发项目，而按照市政府的大气环境治理要求又必须在近期内进行优质能源替煤改造，对于这种只进行采暖能源改造的地区，从资金等方面来看，不可能对胡同的地下管道进行综合改造，也不可能对四合院内的房屋格局进行较大规模的拆除和改造。这样，由于胡同原有地下管道的制约，天然气管道难以在 7m 及 7m 以下的胡同中到达院落。而且由于规范要求天然气管道不能穿越居住房间，天然气管道也难以通过目前 1～2.5m 的门房过道进入四合院以内。因此，对于这部分保护区，只有电力管道或线路才有可能在现状条件下进入四合院。所以，电力将成为该区域的主要采暖能源。

(七) 建议

1. 加快进行文保区的统一改造，以便实施清洁能源采暖，改善采暖期大气环境质量。

2. 对没有统一改造计划、但近期又必须按照环境治理要求进行电采暖的文保区，应由供电部门落实电网改造工程的投资。

3. 为了降低采暖成本，清洁能源采暖的实施应与建筑保温改造同步进行。

4. 尽快制定对下岗职工的采暖补贴政策，以便推动清洁能源采暖工程的实施。

六、专题报告三：南池子历史文化保护区试点片市政工程综合设计

（一）概述

1. 项目背景、目的及工作内容

北京是著名的历史文化名城，是“都市计划的无比杰作”。为从整体上保护北京所特有的风貌特色，使之不随时间的流逝而消失，北京市政府于1998年开始先后划定了三批共40片历史文化保护区(第一批25片，第二批5片，第三批10片)，其中旧城30片，郊区10片。旧城历史文化保护区的面积达到了旧城总面积的45%，是历史文化名城的重要组成部分。为此市政府还组织编制了《北京历史文化名城保护规划》、《北京皇城保护规划》、《北京旧城历史文化保护区保护规划》等相关保护规划。

市有关部门在深入调查的基础上，认为南池子历史文化保护区的风貌保护与危旧房改造具有代表性，拟先行进行试点工作，完善政策，积累经验，为其他历史文化保护片区的改造提供参考和指导。同时，成立了南池子危改试点领导小组，自2000年11月开始从三方面开展了工作，一是由东城区负责调查该区的基本情况，二是由规划委组织北京市城市规划设计研究院，北京市市政工程设计研究总院等单位编制规划设计方案，三是由国土资源房屋管理局牵头制定保护区危旧房改造的经验政策。

要想使历史文化保护区真正得以保护，在对其历史文化、传统风貌、民族地方特色等进行保护的同时，还必须要积极改善保护区内环境质量及市政基础设施的现代化水平，提高居民的生活质量。为此，由东城区房屋管理局牵头，并由规委组织市规划院、市政管委、市政管理处、市政院、市自来水集团、燃气集团、供电公司、路灯管理处、通信管理局、通信公司、歌华有线等十多家单位对南池子历史文化保护区试点片市政基础设施进行了设计。其中市政工程设计研究总院的工作包括道路、雨水、污水及管线综合设计。整个试点区占地6.38hm²，其中连动改造更新居住区规划用地5.4hm²(不含普渡寺用地)。

目前，该试点片部分建筑及市政基础设施已经施工完毕，并有部分居民入住使用。

本项研究是在以上背景下提出的。该研究主要是对南池子历史文化保护区试点片的市政基础设施的设计工作进行总结，以期对今后历史文化保护区的改造提供宝贵经验。

此前，由规委组织的18个单位(市规划院、市政管委、市政管理处、市政院、市自来水集团、燃气集团、热力集团、供电公司、路灯管理处、通信管理局、通信公司、歌华有线、城建设计院、公安消防管理局等)自2003年2月起，历经10个月编制了“北京旧城历史文化保护区市政基础设施规划方案研究”。在该报告中就历史文化保护区市政基础设施规划目标、基本思路、规划原则、规划方案、技术措施及布置要求等方面进行了较为详尽的论述。该报告将南池子历史文化保护区试点片的市政基础设施的设计作为其一个实例进行了引用。

2. 项目工程范围

南池子历史文化保护区位于旧皇城内东南部，北起东华门大街，南至长安街，西邻故宫后河和劳动人民文化宫，东接南河沿大街。包括南池子、东华门大街两个片区，总面积34.5hm²，其中重点保护区面积30.2hm²，建设控制区面积4.3hm²，现况居住用地19.92hm²，区内自然院落600多个，现有居民4351户，户籍人口9130人，人口密度为265人/hm²。

南池子历史文化保护区试点片位于北京市中心故宫东侧，西临南池子大街，东与南河沿大街相距近百米，南临缎库胡同，北临东华门大街。整个试点区占地6.38hm²，其中连动改造更新居住区规划用地5.4hm²(不含普渡寺用地)。

图 6.1 普渡寺现状图片一
(现状为南池子小学教室)
图 6.2 普渡寺现状图片二
(夹道里的高台)

(二) 南池子历史文化保护区试点片基本情况

1. 文物古迹分布情况

保护区内大部分为旧城形式的四合院及部分后建的居民住宅，区内还有文物保护单位普渡寺，现状普渡寺被作为民宅和学校，如不尽快进行保护，其历史价值必将被周围环境逐渐抹杀。普渡寺现状如图 6.1、图 6.2 所示。

2. 道路交通

目前南池子大街为机动车由南向北单向行驶，东华门大街和南河沿大街机动车双向行驶。街区内道路交通存在以下问题：

- 道路交通系统不完善，断头道路多，车辆进出困难，交通组织混乱；
- 不少胡同道路宽度窄且有大量居民搭建的临时建筑，不能满足消防车和紧急救护车等车辆的通行要求；
- 市政管线配套设施严重不足，居民生活质量差，并对环境带来不利影响；
- 不利于历史文化遗产的保护。

南池子历史文化保护区试点片危改前危改道路现状如图 6.3～图 6.5 所示。

3. 市政设施

本街区内的现况市政设施条件较差，市政设施基本配套齐全的建筑物只占 20%左右，其余基本不配套。现况为雨污合流，合流管经常出现堵塞；现况没有暖气、天然气管线，冬季烧煤采暖造成对环境的极大污染。抗灾能力差，环境恶劣，如不采取积极有效的更新措施，彻底改善居民的生活条件，环境势必进一步恶化，街区的历史文化风貌也将逐步消亡。街区的市政设施如图 6.6～图 6.8 所示。

4. 历史文化保护区的保护方式

2001 年 3 月 23 日，在东城区召开了南池子历史文化保护区规划设计专家论证会，并提出了五个方面的问题：

(1) 历史文化保护区的改造要不要突出功能的改善，尤其是水、电、气、热等配套设施，居住功能和总体环境如何进行改造和完善。

(2) 交通与路网之间的关系问题。道路、路网宽度如何确定，管线走廊如何安排。

(3) 区域保护风貌问题。南池子历史文化保护区是四合院模式、平房模式还是控制高度的保护区。

(4) 保护区定性问题，即如何确定保护的内涵和目标。

(5) 资金和政策问题。外迁采取何种方法、政策，政府如何组织改造，如何发挥单位和居民共同参与的作用。

与会专家提出了如下意见和建议：

(1) 危改工作非常重要。危改必须与市政设施的改造、城市路网加密工程相结合。

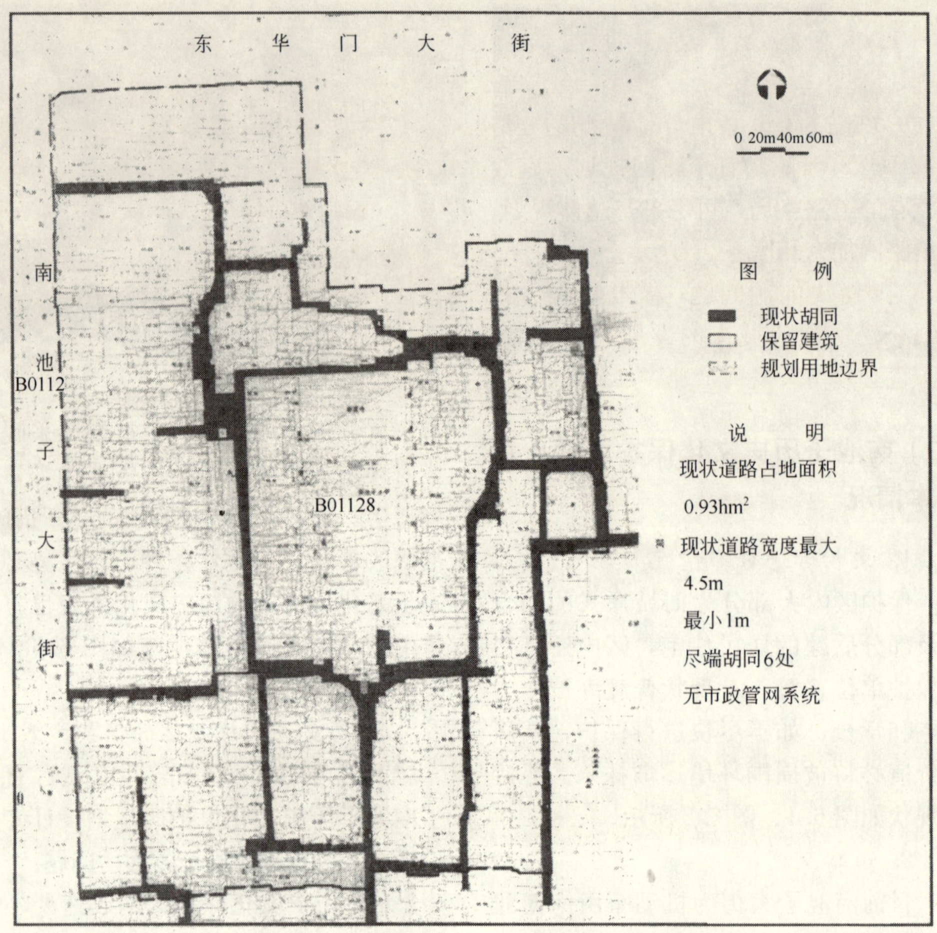

图 6.3　南池子历史文化保护区试点片危改前危改道路现状图

图 6.4　断头道路多，交通组织混乱

图 6.5　胡同宽度窄，私搭乱建多

图 6.6　市政配套设施严重不足

图 6.7　供电线路不足

(2) 保护区的改造应坚持小规模、渐进式、多样化、适应性的实施原则。

(3) 市政建设必须分清情况，分清轻重缓急，因地制宜。路网规划不宜改变原有的道路格局，可考虑与总体规划、城市路网加密相联系。

(4) 解决能源问题，要与多种方式相结合。从现代城市的发展趋势来看，能源也必须留有发展余地。

(5) 设计规范在历史文化保护区中要灵活运用。既要考虑设计规范的内容，也要实事求是。

(6) 保护区的改造关键是做好经济测算，按照改造对象的不同采取不同的改造措施。改造方式要考虑居民的经济承受能力。

(7) 规划容积率的确定重要的不是考虑高度而是考虑环境问题，高度不一定需要严格控制。建议南池子保护区的规划容积率适度放宽到1。

(8) 保护区规划应与区域总体规划一并研究。

(三) 南池子历史文化保护区试点片工作实施情况

1. 规划情况

北京筑合建筑设计事务所于2002年6月编制的《南池子历史文化保护区规划试点方案》从规划原则、功能规划、道路系统规划、保护及更新规划指标、整合更新用地规划指标、规划居住建筑指标、机动车泊位等方面均做了详细论述。

图6.8　院内私搭乱建多

(1) 规划原则

1) 整体保护、合理保存、适度更新、延续文脉；

2) 整治环境、调整功能、改善市政、疏理交通。

(2) 功能规划

除普渡寺用地外，保护区内以居住建筑为主，沿东华门大街为商业建筑，沿南池子大街(普渡寺西片)以传统四合院为主，其他区片以两层院落式居住建筑为主。

(3) 道路系统规划

道路系统规划首先满足机动车交通和消防要求，消灭现状中的尽端式街巷。区内干道宽6m，在普渡寺周边布置，形成环路，并在东、南、西方向与城市道路连通。区内次路宽度不低于4m。

(4) 保护、更新规划指标分析(含普渡寺用地，如表6.1所示)。

表6.1

指标名称	现状指标	保护规划指标	附　注	指数比较
总用地面积	6.39hm^2	6.39hm^2		
总建筑面积	3万m^2	4.04万m^2		增　加
容积率	0.47	0.63		增　加
建筑基底面积	2.7万m^2	2.66万m^2		降　低
建筑密度	42.3%	41.6%		降　低
住宅总户数	1060户	361户	含保护居住建筑、整合型四合院、两层院落式住宅	减少70%
居住总人口	3038人	1536人	四合院6人/套，两层院落住宅3.5人/套	减少50%

续表

指标名称	现状指标	保护规划指标	附注	指数比较
人口密度	475人/hm^2	240人/hm^2	含商业用房中	降低50%
房屋间数	2179.5间	1908间	不含普渡寺	减少
院落空间	192个(以门牌号计平房院落)	84个	含保护及整体四合院、两层院落式住宅	减少
道路占地面积	0.78hm^2	1.04万m^2		增加
建筑檐高	最低3m占99.98% 最高9m占0.01%	最低3m占30% 最高6m占70%	不含普渡寺	
绿化率	因私搭乱建区内无成型绿化	25%		增加

(5) 整合更新用地规划指标(不含普渡寺用地)

1) 总用地面积：5.4hm^2；

2) 总建筑面积：3.88万m^2；

3) 容积率：0.71；

4) 建筑基底面积：2.50万m^2；

5) 建筑密度：46%；

6) 道路占地面积：1.04hm^2；

7) 保护建筑占地面积：1.02hm^2；

8) 保护建筑面积：0.73万m^2；

9) 整合建筑占地面积：3.34hm^2；

10) 整合建筑面积：3.15m^2。

其中：

1) 整合四合院占地面积：1.06hm^2；

2) 整合四合院建筑面积：0.69万m^2；

3) 两层院落住宅占地面积：2.1hm^2；

4) 两层院落式住宅建筑面积：2.12万m^2；

5) 商业建筑占地面积(不含保护建筑)：0.16万m^2；

6) 商业建筑面积(不含保护建筑)：0.32万m^2；

7) 煤气站、变配电站占地面积：0.02hm^2。

(6) 规划居住建筑指标

1) 整合四合院：27套；

2) 两层院落住宅：346套；

3) 一居室：70套，占15%，45m^2/套；

4) 二居室：177套，占50%，60m^2/套；

5) 三居室：99套，占35%，75m^2/套；

6) 户套比1：1.2，总户数：288户。

(7) 机动车停车数

地下400辆(不含整合型四合院户内停车)

2. 市政基础设施设计情况

东城区房屋管理局于2002年8月委托我院进行道路、雨水、污水、管线综合的施工图设计。

设计依据是相关规范及规划。

(1) 道路交通设计概要

根据已完成的规划方案，结合现况房屋拆迁，满足道路交通和市政管线布设需要。

1) 道路横断

道路横断面宽度不小于3m，根据两侧建筑的宽度变化道路横断面宽度。鉴于道路宽度较窄，为方便道路雨水排除，道路路拱坡度采用1.5%一面坡，两侧设置平缘石，较低一侧设雨水口，道路两侧除保留原有树木外一般不设绿化带。道路两侧不设人行道。胡同内道路宽度3～6m不等。主要街区道路的横断面如表6.2所示：

2) 道路控制标高：

本工程为改建工程，且片区用地起伏较大，建筑设计大部分建筑室内地坪

主要街区道路横断面　　表6.2

名称	宽度(m)	长度(m)
普渡寺西巷	5.1～6	323.4
普渡寺东巷	5.6～6	140.5
普渡寺前巷	6	166.8
普渡寺后巷	5.8	131.3

标高高于院落外地面0.3m，个别院落采用现况地坪标高。考虑两侧院落改建为本工程的后续工程，为保证院落在改建前后的正常使用功能，本次道路竖向设计基本参照现况道路标高完成，个别院落待现场测量核实后再作调整。

道路设计系统见图6.9。

(2) 市政管线设计概要

市政管线设计本着"满足居民现代生活需求，提高居民生活质量，保护历史文化"的原则，在有限的空间内合理布置各种市政管线。因本工程中道路较狭窄，不再考虑敷设中水管线及热力管线，居民采用燃气采暖或电采暖。本工程中市政管线有：雨水、污水、给水、燃气、电力、电信、有线及路灯缆等8种管线。

1) 雨水

根据《南池子历史文化保护区危改试点片外部市政工程规划方案综合》，该街区属于御河下水道的流域范围。

经过对本工程范围内的地块性质进行分析，确定了本区内雨水管线的设计参数：重现期$P=1$年，径流系数$\psi=0.70$。

街区内雨水排除，以雨水管道为主，以道路路面径流为辅。经与建筑设计单位配合，室内地坪比院落室外地坪高0.30m，

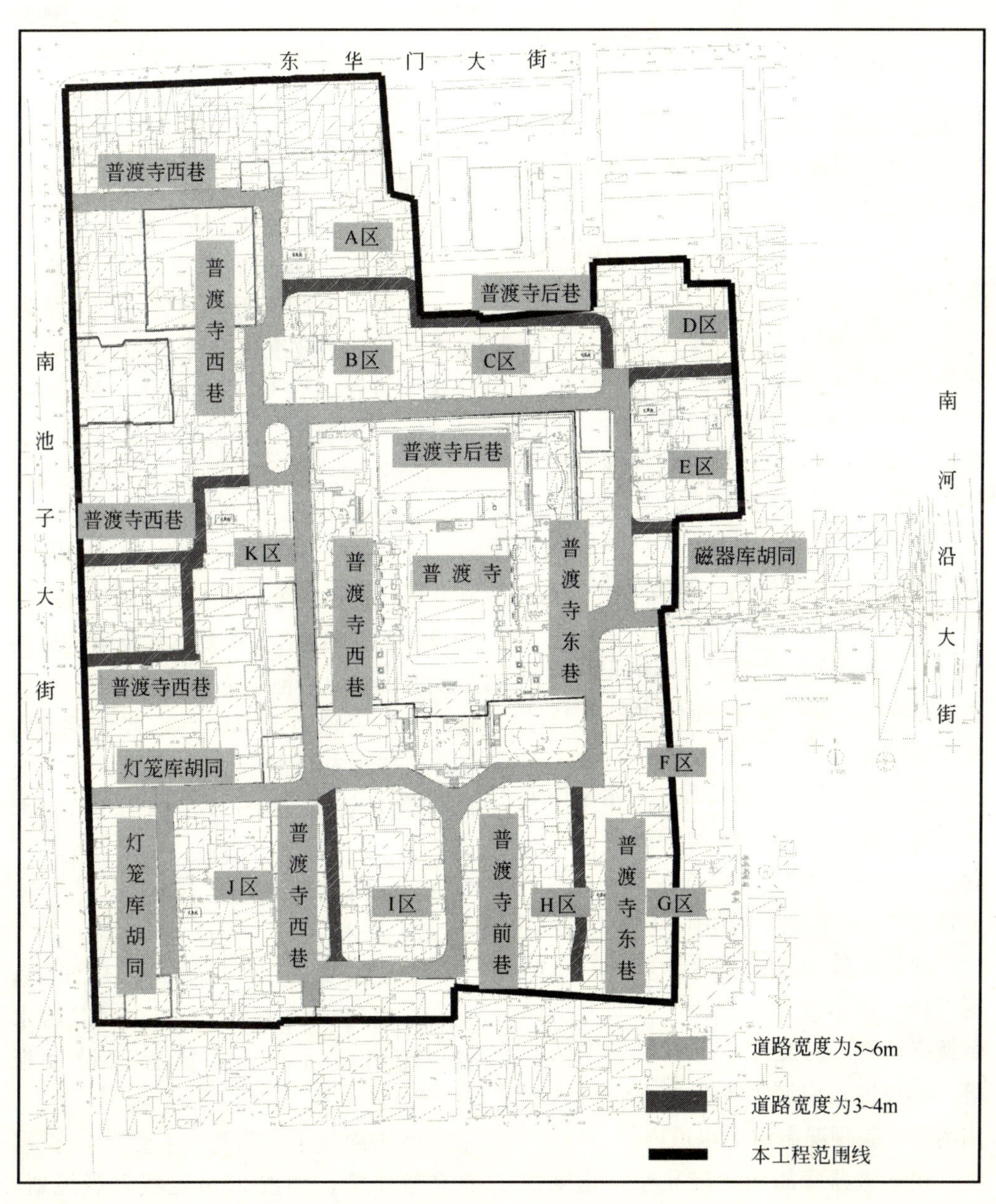

图6.9 南池子历史文化保护区试点片危改工程道路设计及建筑分区示意图

注：A～K区所示的红色院落的施工先于或同步于市政基础设施的施工，绿色院落的设计及施工在市政基础的设施的施工之后。

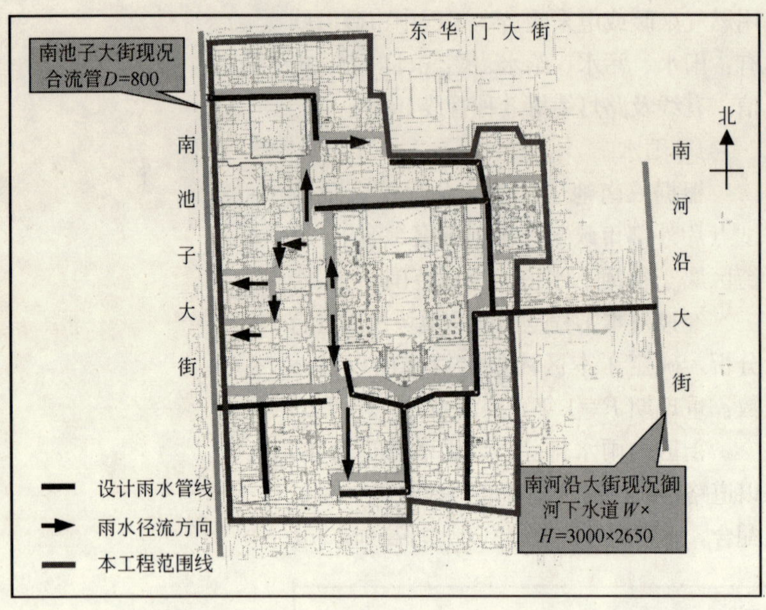

图6.10 雨水系统设计示意图

院落室外地坪比院落外即道路路面地坪高0.15m。道路标高以现况地面标高为主，个别地方加以调整，道路横坡采用1.5%一面坡向。雨水管道位于道路单面坡的内侧。

由于本街区内道路狭窄，市政管线种类又多(雨水、污水、给水、燃气、电力、电信、有线及路灯等8种管线)，为保证市政管线的安全铺设，雨水的排除与道路设计紧密结合，充分利用地势以减小管径，尽量利用地面径流、雨水口串联等形式以节约水平空间。如*K*区东侧的普渡寺西巷需要铺设高压电力，为节省管位，经与道路配合，将该部分道路设计成由中间坡向南、北两端，雨水采用地面径流。*K*区西侧的普渡寺西巷宽度不大于4m，为了给水、燃气及污水管线的铺设，雨水采用地面径流。另外，*B*、*C*区南侧的普渡寺后巷，该条道路中市政管线种类最多，为了节省空间，雨水排除采用雨水口串联形式。

通过多种雨水排除方案的比较，确定将该区雨水分东、西两个方向分别经普渡寺西巷、灯笼库胡同及磁器库胡同等，最终排入南池子大街现况合流管和南河沿大街现况御河下水道内。

由于磁器库胡同比较狭窄，宽度仅为4m左右，且该胡同不在本次试点片工程范围内，为了施工的安全性，雨水在该胡同中采用顶管形式。

为使本街区内的雨水能够顺利排除，根据《恢复菖蒲河(金水河～南河沿大街)工程规划》以及《菖蒲河公园市政工程雨污水设计》等相关资料，对街区外部的市政雨水管线进行了合理的改造方案设计。

雨水系统设计见图6.10。

2) 污水

根据《室外给水设计规范》(GBJ 13—86，1997年版)，南池子历史文化保护区内综合生活用水定额可选取240 L/(人·d)(平均日)。另外，浇洒道路、绿地和其他市政用水按综合生活用水定额的20%考虑。则保护区内人均综合用水定额为290 L/(人·d)(平均日)。污水定额按用水定额的85%考虑。根据本街区内规划的居住人口数量进行污水量计算，*D*300管道可满足污水排除要求。

根据《南池子历史文化保护区危改试点片外部市政工程规划方案综合》，该区污水可接入南池子大街北部的*D*500的现况污水管中。根据甲方提供的该管道的服务用户数量，经核算，其过流能力可满足要求。

由于本工程范围内街区道路狭窄，化粪池及进水管无法置于街区内，经与建筑设计、管理单位、东城区房屋管理局共同协商，将化粪池位置至于院落内。小区内污水管管径为*D*300，污水经普渡寺西巷、灯笼库胡同等排入南池子大街现况*D*500污水管内。由于小区内污水管道埋设较深，故一般位于道路路中附近。

污水系统设计见图6.11。

3) 给水

现况南池子大街上有一根*DN*200给水管，南河沿大街有*DN*350现况给水管。规划在南池子大街上铺设一根*DN*400给水管。

由于南池子大街两侧主要为1～2层的传统建筑，如按35m红线宏观规划，会对街道尺度、空间和风貌造成较大影响，不宜扩建，故没有条件将该道路新铺设一根 *DN*400 或将现况 *DN*200 给水管改建成 *DN*400。考虑到普渡寺等街区的消防及供水的安全性，拟将磁器库胡同内 *DN*100 给水管改至 *DN*300 管道，同时起到连通南河沿大街与南池子大街给水管的作用。即试点片给水有两个来源，一个是南池子大街的 *DN*200 现况给水管和南河沿大街的 *DN*350 现况给水管。

街区内的给水大部分采用 *DN*200，最小管径为 *DN*100。小区内每个路口均需设置消火栓，消火栓可置于路口附近平面布置不太紧张的地方。另经调查，普渡寺院内本身已设置消防管道及 6 个消火栓，其中 4 个消火栓分设于普渡寺院内四角，普渡寺内消防既可相对独立，又可与其四周居民区消防相结合。

给水系统设计见图 6.12 所示。

4）供暖

由于保护区内部道路以原有胡同为主，不大拆大建，各种市政管线均安排在胡同内，使得供热管道很难布置，因此集中式供热在此不可行，供热方式须采取电、天然气或热泵技术等分散式供暖。有人曾对几种分散供暖方式进行了经济比较，见下表 6.3 所示。其中“中央液态冷热源”（热泵）栏内各项指标，是北京市恒有源公司根据其示范工程数据提供的，该示范工程系统主要为冬季采暖设计，夏季可兼做空调，

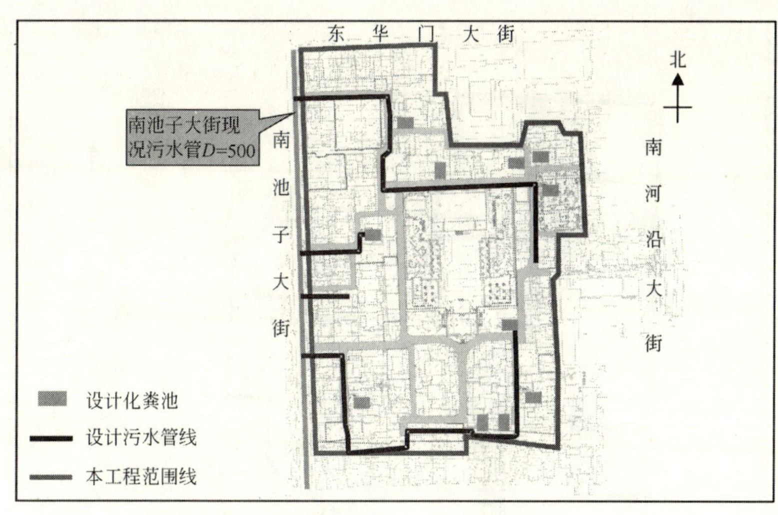

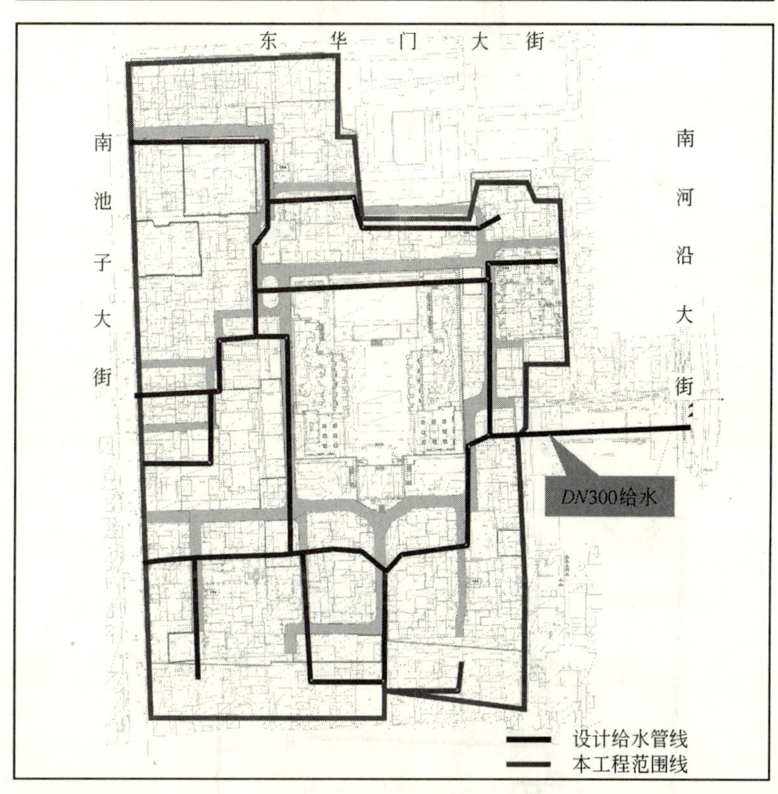

图 6.11 污水系统设计示意图

图 6.12 给水管线系统设计示意图

几种分散供暖方式经济比较 **表 6.3**

	煤	天然气	轻柴油	电	中央液态冷热源
价格	250 元/t	1.8 元/m^3	3.06 元/l	0.393 元/kWh	0.393 元/kWh
热值	23027.4kJ/kg	35462.2kJ/m^3	42705.4kJ/kg	3600.6kJ/kWh	3600.6kJ/kWh
使用效率	50%～70%	88%	85%	96%	440%
燃料耗量	0.01117kg/(h·m^2)	0.00577m^3/(h·m^2)	0.00496kg/(h·m^2)	0.052kWh/(h·m^2)	0.0122kWh/(h·m^2)
	0.2671kg/(24h·m^2)	0.138m^3/(24h·m^2)	0.1188kg/(24h·m^2)	1.25kWh/(24h·m^2)	0.294kWh/(24h·m^2)
	34.723kg/(季·m^2)	17.9m^3/(季·m^2)	15.4kg/(季·m^2)	162.5kWh/(季·m^2)	38.1kWh/(季·m^2)
燃料费用	8.681 元/(季·m^2)	32.3 元/(季·m^2)	59 元/(季·m^2)	63.9 元/(季·m^2)	14.97 元/(季·m^2)
费用比例	1	3.72	6.8	7.36	1.7

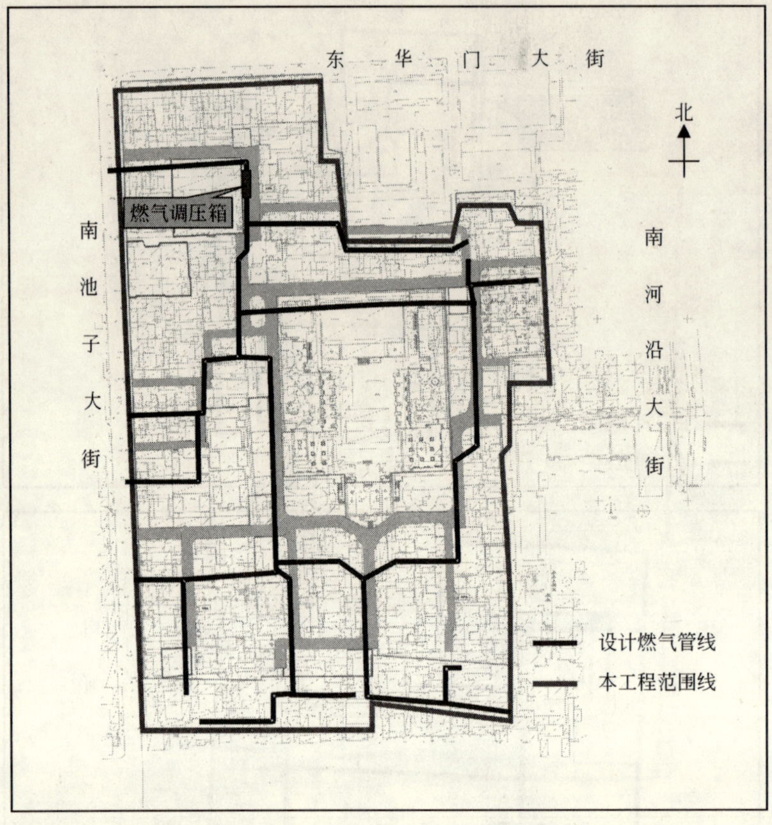

图 6.13　燃气系统设计示意图

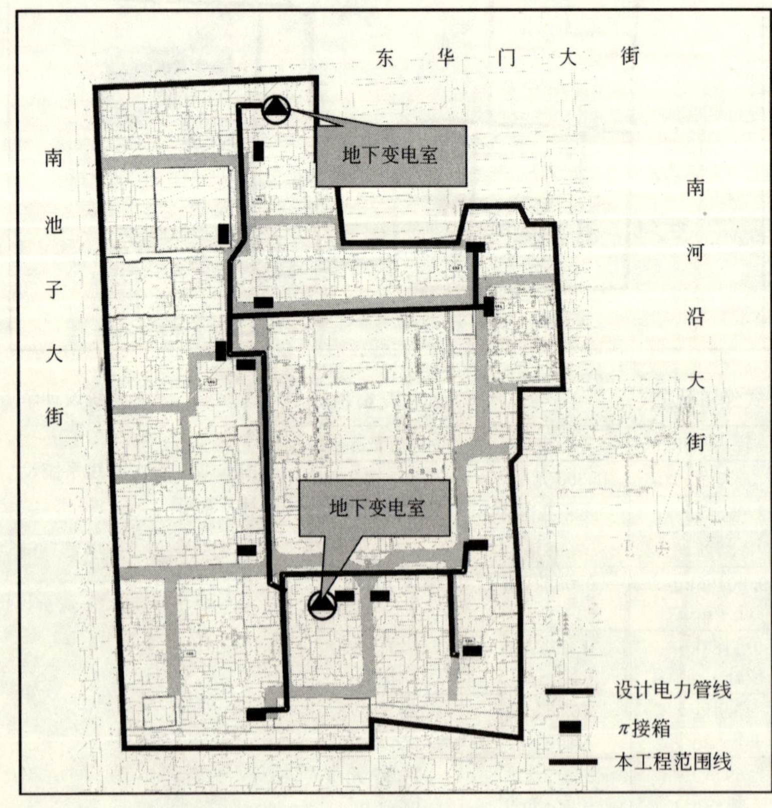

图 6.14　电力系统设计示意图

并可同时提供生活热水，是一个以采暖为主要功能的采暖空调一体化系统。

从上表 6.3 可以看出，供暖费用由低到高的顺序是：煤＜中央液态冷热源＜天然气＜轻柴油＜电。利用煤供暖费用最低，但为了改善大气环境，煤供暖方式将逐渐受到限制。中央液态冷热源供暖方式的费用仅高于煤，但该项技术初期投资较高，其技术在本区内的可行性仍需进行进一步研究。采用天然气供暖的费用高于煤和中央液态冷热源，但远低于电和轻柴油供暖方式，且其属于较清洁能源，在小区建设中已被广泛采用。

根据甲方要求，本区内采用天然气分散式供暖。

5）天然气

本工程中因道路比较狭窄，市政管线平面位置紧张，未考虑热力管的引入。居民可利用燃气或电进行采暖。

南河沿大街南段有现状中压天然气管 *DN*200；其北段及东华门大街南侧有现状低压天然气管 *DN*350，但能力不能满足南池子历史文化保护区的用气需求。燃气系统设计如图 6.13 所示。

6）电力

电力设计最初方案是在本工程设计范围内设置 8 台箱式变压器，考虑到本工程场地狭窄，经多次反复协商，决定取消箱式变压器，分别在本工程的北部和南部建设两个地下变电室。北部的变电室位于商业用房地下室，南部的变电室位于地下车库中。

根据市政府决定，遵循架空缆线全部入地的原则，采用 $\phi10\sim\phi150$ 管道。电力系统设计见图 6.14。

7）电信、有线电视

电信：由灯笼库胡同自西向东引入，为 12 孔，交接箱设在灯笼库胡同东北角的设备用房内，交接箱后电信按 6 孔设计。

有线电视：区域信号由磁器库胡同引入，交接设备设在灯笼库胡同东北角的设备用房内。有线电视按2孔设计，与电信置于同一位置。

电信及有线管线系统设计见图 6.15。

8）照明

路灯电缆埋设最浅，一般置于道路侧边距建筑物 0.3m 的位置，埋设在建筑物基础之上，其一般不会与其他管线发生矛盾。

路灯的设置可考虑采用：*a*. 挂墙形式；*b*. 在院落门及建筑凹处设置灯杆；*c*. 在道路侧边设置灯杆。

3. 市政工程综合设计

本次市政工程综合设计中采用的规范主要是《城市工程管线综合规划规范》（GB 50289—98）及《工程建设标准强制性条文（城乡规划部分）》（建标［2002］179 号）。

在满足使用要求的基础上尽量减短各种管线在道路上的铺设长度。由于胡同狭窄，而需要铺设的管线种类又比较多，从而导致部分管线之间的距离不满足规范常规要求。为保证市政基础设施的安全运行，需要对不满足规范常规要求的地方采取有效保护措施。

（1）市政工程综合设计要素

管线综合设计的一般原则为：

1）临时性管线避让永久性管线；

2）小管径管线避让大管径管线；

3）压力管线避让重力流管线；

4）可弯曲管线避让不可弯曲管线；

5）分支管线避让主干管线。

本项目的街区道路宽度为 4～6m，部分地段不足 4m，这给本来就宽度较窄、管线种类较多的断面带来了更大的困难。在有限的断面上布置较多种类的管道，需要合理安排，统筹规划，以避免各种工程管线在平面和竖向空间位置上的互相冲突和干扰，保证正常运转。根据本项目的具体情况，以及与甲方、各专业设计单位的多次协商，本管线综合设计中还遵循了以下原则：

a. 污水：由于埋设最深，置于路中

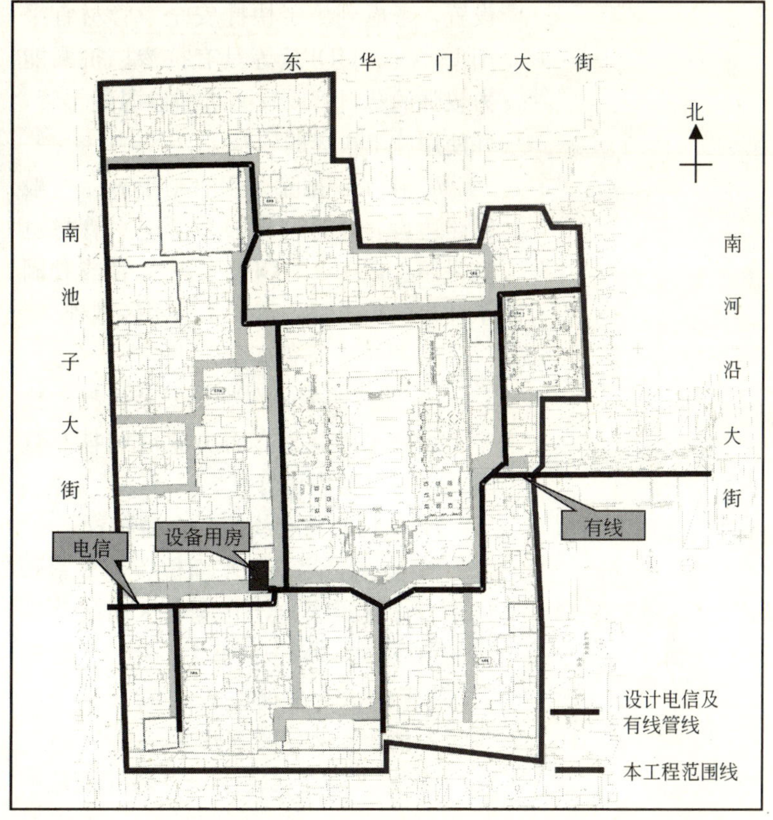

图 6.15　南池子历史文化保护区试点片危改工程电信及有线管线设计示意图

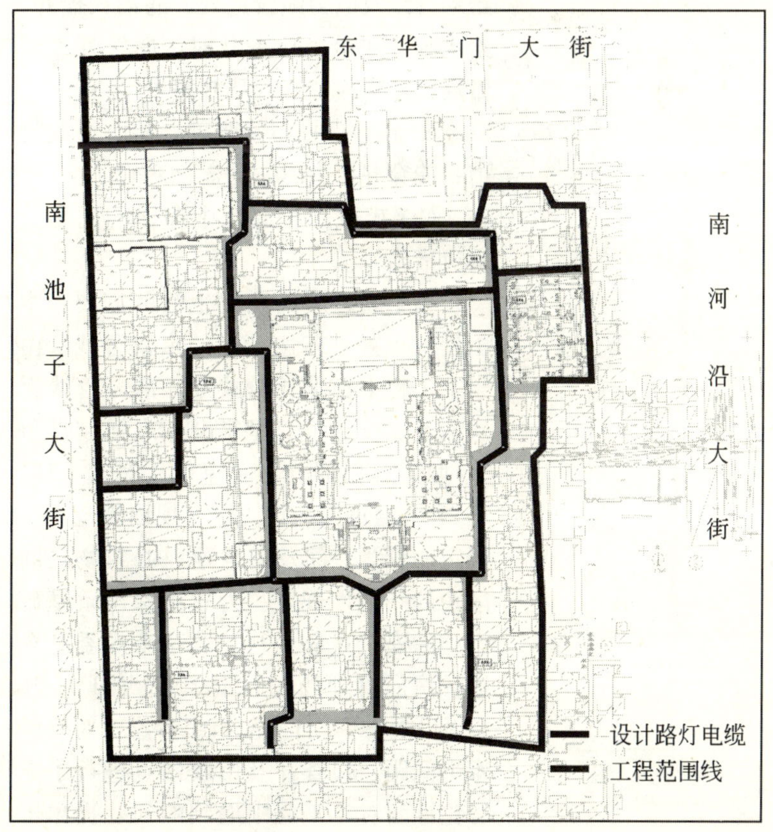

图 6.16　路灯电缆设计示意图

设置，考虑到施工快捷安全，管材宜采用 UPVC、HDPE 等具有抗渗、抗漏能力较强的塑料管或胶圈承插口混凝土管，并使用施工快捷的砂基础。

b. 雨水：排除采用管道形式，一般靠路边设置，且埋设较浅。雨水管材也宜采用 UPVC、HDPE 等塑料管或胶圈承插口混凝土管，管基易采用砂基础。

c. 电力：不得架空。

d. 路灯照明：在难于安装灯杆的狭窄街道宜采用悬索布置方式或墙挂布置方式，尽可能不设灯杆。

e. 电信：与有线统一合槽布置。

f. 给水：尽量在平面位置不太紧张的地方设置消火栓，并应在区内的路口设置消火栓。消火栓井内径一般按 ϕ1200 考虑，若平面位置很紧张而又必须设置消火栓时，要求其井径缩小一号。

g. 燃气：按《关于研究燃气规范中有关问题专家论证会议纪要》（市规会［2002］271 号）执行外，在燃气管线距给水管线及电力缆较近处，遇消火栓井、给水闸井或电力检查井时，燃气管线需做局部调整或加套管从井室中穿行。

h. 在井位排布紧张处，相临市政管道只能穿井而过时，均需加套管。

(2) 市政工程综合中存在的问题及解决措施

为了满足居民现代生活的需要，本工程中布置了多达 8 种的市政管线。由于本工程中道路比较狭窄，部分管线无法满足建设部《工程建设标准强制性条文(城乡规划部分)》(建标［2002］179 号)和《城市工程管线综合规划规范》所规定的管线之间及其与建(构)筑物之间净距的一般性规定。为了确保市政基础设施的安全可靠运行，北京市规委和东城区房屋管理局先后于 2003 年 1 月 16 日及 3 月 8～9 日两次组织专家，对管线水平间距、检查井及市政站点进行了充分论证。对本工程中遇到的问题提出了宝贵的建议和解决措施。

1) 管线水平间距

本项目设计中，B、C 区南侧的普渡寺后巷是管线布置种类最多、管线间距最不利的道路。该条路的管综横断面见图 6.17，下面列出主要几项不符合常规规范要求的管线之间水平间距。

a. 雨水与建筑物间距：规范要求 2.5m，本工程中采用 0.2m。

解决办法：浅埋设，而且根据南池子地质情况，管基底落在建筑物基础底 45°角外侧，不影响基础承载力，雨水管采用防水性能比较好的管材如塑料管，本工程中采用的是高密度聚乙烯管(HDPE)。

b. 雨水与电力：规范要求 0.5m，本工程中采用 0.4m。

解决办法：雨水管管材采用防水性能比较好的高密度聚乙烯管(HDPE)。

c. 污水与给水：规范要求 1.0m，本工程中采用 0.55m。

解决办法：污水管管材采用防水性比较好的高密度聚乙烯管(HDPE)。

d. 燃气与电信：规范要求 1.0m，本工程中采用 0.5m。

解决办法：燃气管管材采用聚乙烯管(PE)或钢管(钢管应提高防腐等级)，增加壁厚、减少接口数量，局部加套管或割墙以及加强质量检验等有效措施。

2) 检查井尺寸

由于本工程水平位置紧张，在满足使用和检修的基础上，要求各种检查井尺寸尽量小。如遇井室与相邻管线冲突可局部调整或从井室中穿过。

在 B、C 区南侧的普渡寺后巷中，雨水管线需要走电力检查井井室上方，电力直线检查井外尺寸如示意图 6.18 所示。

E 区电力入户处检查井平面尺寸比较紧张，检查井需要缩小，平面尺寸见示意图 6.19，电信到建筑物之间的净距(指扣除电信管道及建筑物基础后)只有 2m。

经过与专家及专业设计人员进行论证和协商，以上问题得到了圆满解决。施工后的路口如图 6.20 所示

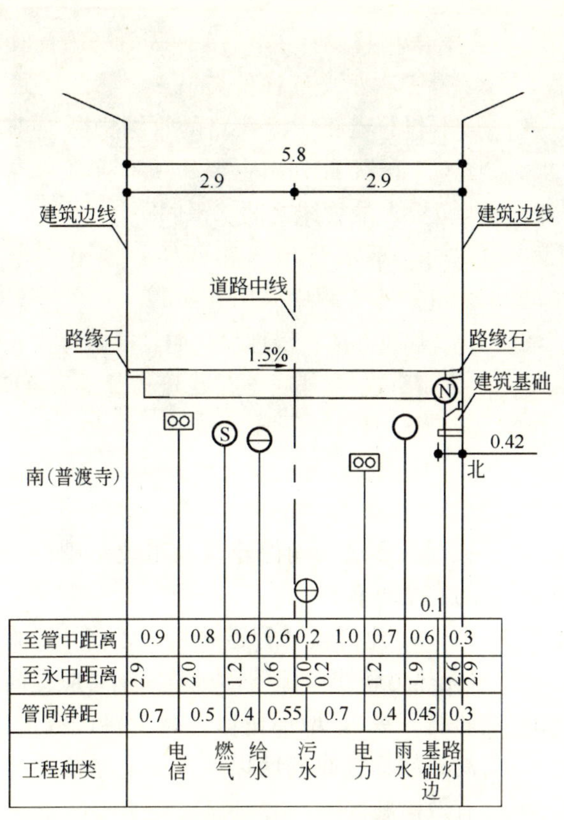

图 6.17 普渡寺后巷管线综合横断图（单位：m）

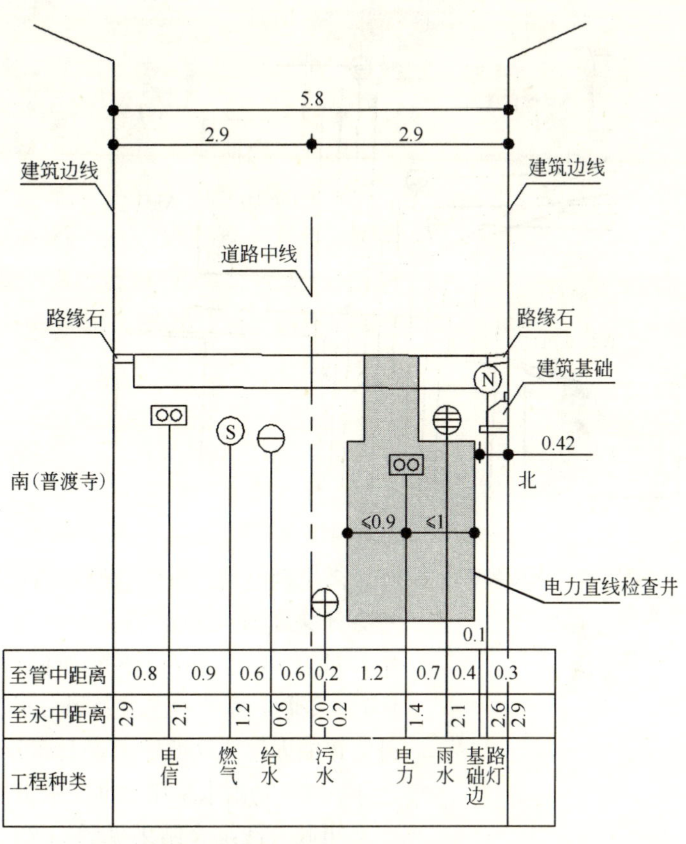

图 6.18 电力直线检查井示意图（单位：m）

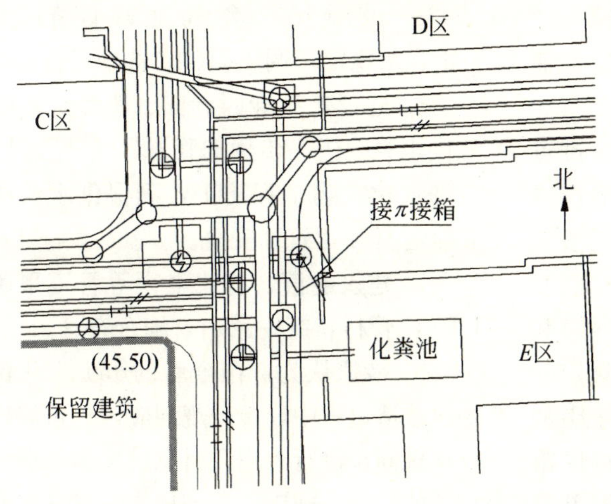

图 6.19 区内某路口市政管线布置图

图 6.20 施工后的路口图

3）市政站点

燃气调压箱位于普渡寺西巷、A区西侧，如示意图 6.21 所示。按燃气设计要求，调压箱距建筑物净距应该不小于 4.0m，距道路净距不小于 2.0m。而本工程中燃气调压箱所处位置西侧为保留建筑物，东侧为道路，保留建筑物与道路之间距离只有 3.5m。

经过多方论证及协商，设置防爆墙，以保证燃气调压箱的安全运行，见图 6.22。

（3）市政管线综合结果

经过与各专业设计部门及主管部门多次协商，顺利完成了市政管线的综合设

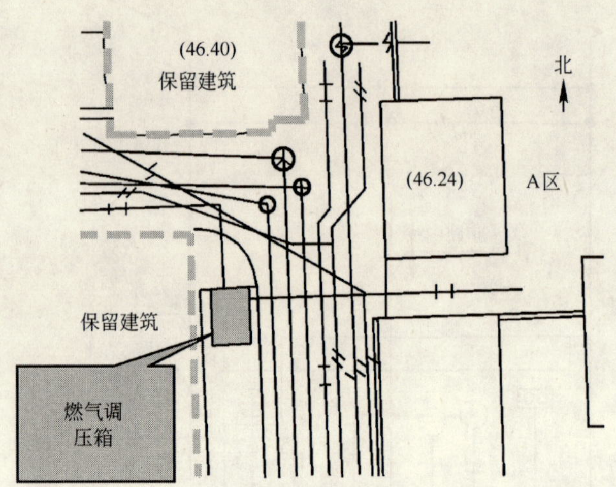

图6.21 燃气调压箱设计位置图

图6.22 被屏蔽起来的燃气调压箱实图

计。考虑到电力、电信管线可通过穿院落等方式来实现入户的目的，本综合设计中，对于4m或4m以下的胡同(K区西侧)，只铺设污水、给水及燃气管道；另外，该胡同道路纵坡较大，大部分纵坡可达1%以上，雨水采用地面径流方式。

市政管线综合结果见图6.23。

(4) 专家论证会结论

针对南池子历史文化保护区试点片市政管线综合设计，经过两次专家论证会，最终得到结论如下：

1) 针对南池子历史文化保护区试点片保留历史风貌、胡同肌理不变的特殊条件，现况胡同狭窄，部分管线无法满足建设部《工程建设标准强制性条文(城乡规划部分)》(建标［2002］179号)和《城市工程管线综合规划规范》所规定的管线之间及其与建(构)筑物之间净距的一般性规定。南池子历史文化保护区市政基础设施综合规划方案根据建设部第80号令中的第五条和《城市工程管线综合规划规范》2.2.9条的规定，管线采取工程技术措施后，适当调整净距是合理可行的，其管线布置满足施工、运行的安全要求，可作为开展试点片市政工程规划设计的依据。

2) 有关专业设计部门应进一步优化设计，优先采用新技术、新材料、新工艺，以满足施工质量及今后运行和维护管理的要求，确保建筑及市政基础设施的安全可靠。

a. 建议燃气管道采用聚乙烯PE管(无热力管线条件下)或钢管(钢管应提高防腐等级)，增加壁厚、减少接口数量，局部加套管或隔墙以及加强质量检验等有效措施。

根据《城镇燃气设计规范》(GB 50028—93)(2002年局部修订条文)5.6.3条规定，调压箱(柜)选址可行。

b. 建议普渡寺西巷四、普渡寺西巷五供水管线进一步优选管材，优化设计。应加强建筑物工程防护，确保供水管线安全运行和建筑物安全。

c. 建议电信、有线电视等管道采用UPVC管材，统一路由，综合布管。

3) 专家认为，在今后的历史文化保护区改造过程中，市政规划应与建筑修建性详规同步进行；应及时总结经验，形成相关的设计、施工、管理规定，指导其他历史文化保护区的改造；应统一组织历史文化保护区的管理、设计与施工。

通过两次专家论证会，其评审意见原则同意北京市市政工程设计研究总院所做南池子历史文化保护区试点片市政基础设施综合规划方案，北京市规委要求各有关设计部门和专业主管部门严格按照专家意见，采取有效工程技术措施保证市政管线及建筑物安全。

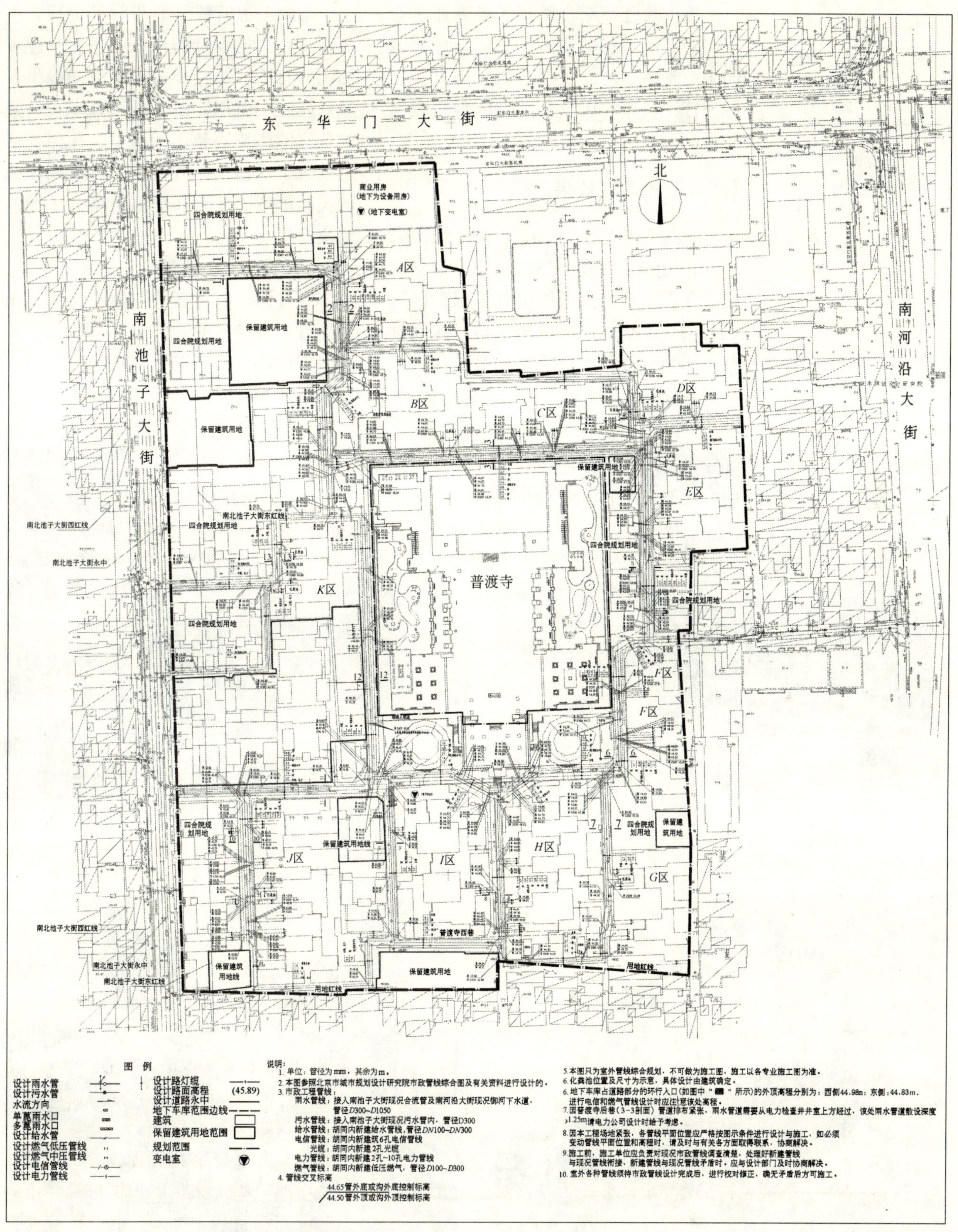

图 6.23　南池子历史文化保护区试点片危改工程市政工程综合设计示意图

该市政管线综合得到了各专业主管部门的认可，并得到了各专业设计部门的大力支持，从而使得南池子历史文化保护区试点片的市政基础设施得以顺利实施。

(四) 工程建设效果

在北京市规委、东城区房屋管理局、各专业设计及主管部门、施工单位等的通力合作下，南池子历史文化保护区试点片的市政基础设施的施工得以顺利进行。2003 年 5 月开始动迁，2003 年 8 月正式入住，使用期已达一年之久。

市政工程管线综合设计的完成，使各专业管线的设计得以顺利进行。建委的统一施工，给较小的道路空间提供了较好的施工氛围。各专业设计单位、建筑单位的协调一致，为历史文化保护区的危改工程谱写了相互配合、协调作战的美丽篇章，使存在的问题得到了顺利解决。

1. 文物古迹得到了妥善保护

经过保护修缮后的普渡寺又焕发出其特有的神秘气息，并且环境幽雅，成为人们休闲、旅游的一个好去处。修缮后的普渡寺如图 6.24～图 6.27 所示。

图 6.24　修缮后的普渡寺(一)

图 6.25　修缮后的普渡寺(二)

图 6.26　修缮后的普渡寺(三)

图 6.27　普渡寺庙前广场绿化

2. 道路环境的改善

南池子历史文化保护区试点片危改工程建成后，区域内部与外部的连通主要有：与南池子大街两处相接，道路宽度达 6m；与南河沿大街相接改造路口一处。区域内部以普渡寺为核心，形成环路，消除了断头胡同，车行顺畅，解决了消防车、救护车不能进入的问题。修缮后的街道如图 6.28、图 6.29 所示。

3. 市政基础设施的改善

各种管线均接入住宅。

供热采用燃气炉，燃气、给水、污水、电信、歌华有线及电力分别引入院落至住宅，大大改善了居民的生活质量。各种站点位置安排合理，达到了设计效果。

值得一提的是，2004 年 7 月 10 日北京下了一场罕见的大雨，由于南池子历史文化保护区雨水管线设计的合理性，区内道路使用正常，未见大量积水。修缮后的情况如图 6.30～图 6.35 所示。

图 6.28　修缮后的街道(一)

图 6.29　修缮后的街道(二)

图 6.30　修缮后的民宅

图 6.31　修缮后的街道(三)

图 6.32　置于道路边角的 π 接箱

图 6.33　路灯设置形式之一

图 6.34　修缮后的街道及路灯设置形式

图 6.35　院落内排水形式之一

七、专题报告四：

北京旧城历史文化保护区

(一) 前言

市政府于 2002 年 10 月正式批准了《北京历史文化名城保护规划》，该规划在旧城区列出 30 片历史文化保护区，(第一批 25 片，第二批 5 片，共 30 片) 作为历史文化名城重要组成部分，要求必须对其历史文化、传统风貌、民族地方特色进行保护，并且要改善、提高保护区内生活、环境质量及市政基础设施的现代化水平。

对比建筑总体规划，提出了保护规划五项原则：

第一：保护整体风貌的原则；第二：保护历史的真实性，保护历史遗存的原则；第三：推行循序渐进，逐步改善的原则；第四：积极改善基础设施，提高居民生活质量的原则；第五：公众参与的原则。

对历史文化保护区市政设施规划原则：

1. 历史文化保护区内的市政设施和综合管线规划应以不破坏历史文化保护区的传统风貌、改善保护区内的市政设施和防灾设施条件为目标。

2. 历史文化保护区内的市政管线布置，应有效利用规划保留的胡同系统，不拘一格，综合考虑。

3. 应根据各个历史文化保护区的具体情况，采用新材料、新技术和综合手段，改善保护区内的市政设施条件。如地下管网以综合管沟与直埋方式相结合，能源以使用天然气和电相结合等。

4. 充分改善和利用现有的市政设施，节约投资和运行费用。

本课题是在风貌保护的前提下，从城市规划的角度组织协调、进行综合研究，把现代城市市政基础设施引入保护区。

依据经市政府批准的历史文化保护区控制性详细规划，自来水公司、市政管理处、供电局、电信局提出了经济合理的市政基础设施、站、点规模及布局；研究了适用于历史文化保护区的清洁能源采暖方式，划定电采暖、燃气采暖、城市热力采暖，以及其他方式采暖的区域；研究了适用于历史文化保护区的排水体制，分析合流制对城市排水管网和污水处理设施的影响，划定合流制和分流制区域；研究确定了电话、有线电视、宽带三网入户的方案；研究确定了历史文化保护区完善的消防体系。提出了保护区市政基础设施规划原则和初步规划方案，解决了保护区的保护和发展的矛盾。

根据历史文化保护区要保护历史文化肌理，现状胡同窄的特点，及南池子保护区试点片市政基础设施的规划设计的实际，研究了胡同宽度为 4m、5m、6m、7m、8m、9m、10m 的条件下市政管线的直埋敷设方式，研究了市政管线之间及与建构筑物之间的最小净距达不到规范要求的工程措施，检查井的非标设计等。提出了历史文化保护区市政基础设施规划设计的技术标准。

本篇对综合管廊在历史文化保护区的适用性作如下探讨，并以南池子历史文化保护区为研究目标进行研究，对综合管廊在历史文保区的应用与直埋方式进行比较。

(二) 综合管廊的现状

综合管廊是指为了容纳两种以上市政管线，由道路管理者在地下修建的设施，是各种市政管线综合地置于其中的市政地下构筑物，是市政管线综合的新模式。它灵活多变的形式，是在综合了当地的道路，周边建筑及开发商的总体规划而设定的一种构筑物形式。它是市政设施，又不完全是市政设施。其省去管线自身的独立的构筑物和土方开挖，使地下开发与市政管线互相依托、互相利用。

综合管廊通常被用于：地下设施发达的市政道路及广场等不宜反复开挖的

场所地下；配合地铁、高速路敷设管线；工艺复杂的内部工艺管线等。综合管廊既可以单独敷设，也可以与地铁、人防通道等结合修建。

综合管廊是市政管线建设的发展趋势和方向。管廊最早出现于法国，1833年法国即有系统的在城市道路下规划建设规模庞大的下水道设施。随着科技进步的发展，接纳了给水管、通讯电缆及交通信号电缆等。德国、英国、原苏联、欧美等其他国家也相继出现了综合管廊形式。

日本凭借其雄厚的经济实力，使之成为当今世界上综合管廊技术较发达的国家之一，每个城市均有几十或几百公里的管廊。其综合管廊与道路、地铁、高架桥一起规划，分步实施。一般敷设在道路地下，管廊内包含多种管线，管廊内管材质量好，地下管廊施工水平高，管理上具有先进的经验。

国内的现状：综合管廊是一种新型的市政管线设计模式，并逐步被接受，国内有小范围实施的实例，但由于一次性投资过大，未被广泛推广使用。

(1) 北京国贸中心：共同沟建于1985～1989年。容纳服务于公寓、商业大厦、办公楼的公共管线，内有电力、电信、供热等管线。

(2) 上海的共同沟：座落于浦东开发区张扬路上，全长11.2km。1991年立项，1994年开工，1995年建成竣工。但到目前为止，由于经济原因，一直未正常全部运行。

(3) 天津塘沽某小区共同沟

(三) 综合管廊在历史保护区的设置

历史保护区内的市政基础设施是旧城的薄弱环节，大部分地区市政基础设施薄弱，而且外部基础设施条件也都较差，鉴于此，北京供电局、市政管理处、燃气集团、热力公司、通信管理局、消防局、自来水公司等单位均作了深入的研究和规划设计，提出了完善合理的解决方案。

但如何将他们的规划管线综合考虑，平铺于历史保护区的道路上，也是历史保护区市政规划的一个难题。历史保护区内道路均较窄，但为了提升历史保护区的市政设施条件，管线增加较多，平铺于道路上，大部分不能满足直埋管线的设计规范。为了改善这种条件，在保护区内设置综合管廊是解决此难题的一种特殊方法。

综合管廊的设置能提高市政管理水平，解决了在文化保护区多种管线在一个平面敷设不开的矛盾，让保护区展现新的面貌。

在各种管线有了规划的前提下，将这些管线综合设置在综合管廊内。以南池子小区为例，将原来平铺的管线整合在综合管廊内。

综合管廊剖面设计附图见后。

(四) 综合管廊在历史保护区的设置的可行性

1. 综合管廊将多种管线综合置于一个小室，管线可以在管廊内的空间中立体布置，解决了管线直埋所需的布置间距，在有限的空间内可以布置多种管线。

2. 随着社会经济水平的提高，市政建设的模式也应随着提高。设置综合管廊也会使市政管理水平得以提高，是社会发展的必然趋势。

3. 管廊内的管线可以通过设过渡段与现状管线连接，这种连接简单易行，方便实用。综合管廊内管线可以方便地为周围建筑提供预留或增容各种管线，而不必破路。

4. 传统的市政管线设置模式分散平铺于市政道路下，占用了全部道路的地下空间，不能将地下空间集中开发，制约了地下空间的发展。

5. 利用先进的监视系统，使市政管线综合管理成为可能。及时发现隐患，及时维护管理，提高管线的安全性，使市政管理现代化，与国际接轨。

6. 管廊内的管线由于不直接与土壤、地下水、道路结构层的酸碱物质接触，可减少腐蚀，延长管线的使用寿命，使市政管线管材的选择灵活多样，易于推广。

7. 在文化保护区设置综合管廊，解决了管线设置的问题，但它的施工难度大，投资高，周期长，应用上还有较大困难。

(五) 综合管廊在历史保护区的设置的技术标准

综合管廊内管线不同于一般的直埋管线，需要一套新的技术规范或原则。

1. 综合管廊的设计原则沿用了室内建筑设备的方法和理念。这种方法不同于市政模式，因此在设计依据上兼顾了市政和室内建筑单体的设计构想。

2. 综合管廊应设置在历史文化保护区的规划道路上，沿袭历史文化保护区的历史脉络和人文肌理。宜设置在宽度大于4m以上的规划道路上。市政管线应以各专业公司的规划容量为设计依据。综合考虑，使直埋方式与综合管廊有效结合，使断面经济合理，又为未来发展留有余地。

3. 电力、电信可以设置在一个管廊内，但要有保证强弱电互不干扰的措施。设置电缆托架。电信电缆选用光缆，电力电缆选用耐火电缆。

4. 天然气直埋或设置在单独的管廊内，但要有浓度探测器等报警控制装置和通风设施。保护区内道路较窄，设置单独管廊不经济，宜直埋设置，覆土不小于0.8m。

5. 给水管线的水表在管廊内设置，可不设水表间，为了管理，可以设远传水表。设事故排水装置。

6. 消火栓、洒水栓、公用电话、事故报警电话、路灯在地面某位置上综合设置。或设地下检查井分别设置。

7. 上水、雨污水在管廊内设置，管材选择可以更加灵活：如给水选用给水塑料管、钢塑复合管、镀锌钢管、给水铸铁管等；排水选用排水塑料管、复合塑料管、玻璃钢管等新型材料。

8. 雨污水在管廊内设置通风排气的问题，宜在各支管或连接井处解决。雨污水管线的连接可以借用室内设计规范选用承插、粘接、管箍连接等方式，这样灵活也减少了检查井。

9. 为了满足管廊安全需要，方便管理，管廊内考虑设火灾自动报警系统、应急通信系统、安防巡视系统和楼宇自控系统，上述系统在管理中心进行集中管理。

(1) 火灾自动报警系统

考虑综合管廊的特点，在电信、电力电缆的敷设路径上分别敷设线型感温电缆，监视电缆周围温度的变化，温度异常时，向管理中心发出报警，并由系统判断报警点位置，同时对相关设备进行应急联动，诱导管廊内的人员疏散，缩小事故范围。

(2) 应急通信系统

为方便使用，解决综合管廊内的应急通讯，在管理中心设有专用的应急电话总机，现场设有电话分机，便于管廊内人员与管理中心的联系。

(3) 安防巡视系统

为保证管廊的安全，在管廊的出入口处设有联网的实时门禁管理系统，对进入管廊的人员进行统一管理。

为了方便管理，在管廊内设半球式全方位摄像机，值班员在管理中心即可对管廊内的情况进行实时监视。

(4) 楼宇自控系统

综合管廊内通过楼宇自控系统对管廊内的照明、通风等设备进行自动化的集中统一管理，有效控制管廊内的温度和湿度。

10. 保护区内的变电所、调压站均

需考虑位置和面积。

11. 对于路面较窄的，雨水应设单坡及雨污合流系统。

12. 综合管廊的断面设计应因地制宜，灵活多变，没有固定的形式，以能够满足所辖地区的容量及远期容量为设计依据。可以设置单室也可设置多室。

13. 综合管廊的结构形式可以为砖砌管廊、也可以为钢筋混凝土管廊。依覆土深度及管廊断面形式而定。

(六) 综合管廊在历史保护区的造价

1. 各种管线就其本身独立实施，就有土建投资，但若与地下开发共同依托，可以省去大量的土方开挖，二次建设费用。在很长的时间内减少对道路的重复开挖和道路拥堵，使历史文化名城在新的形势下焕发它的魅力，提高它的文化和经济价值。

2. 综合管廊的设置，有效集约化地利用城市道路下的空间资源，为城市发展预留宝贵的地下空间，它的社会效益是不可估量的。

3. 综合管廊的设置，其内部需有附属设施，有一定费用。如：排水设施、照明设施、防排烟设施、防灾报警设施、自动化管理设施。

4. 综合管廊工程费用估算：

造价分析结果表明：综合管廊的综合造价较高，土建造价高于管线造价。在保护区市政管线管径较小，电力及电信管孔数也较少，这样土建造价相对比例高一些。如果市政建设中有热力管沟、电力管沟及电信管沟，这样做综合管廊更经济些。综合管廊的断面设计对造价影响很大，在设计时既要考虑现有情况，又要考虑远期的增容空间。

(七) 建议

1. 在现代化的市政建设中，应大力发展综合管廊技术，它是市政建设的发展趋势。综合管廊的设计更能适用于各种复杂的工程，达到安全、实用、经济、牢固，应从宏观上采取措施，推动设计应用水平的提高，使之向标准化、规范化、实用化发展。

2. 综合管廊在历史文化保护区应用，应与传统直埋方式协调，在道路狭窄的地方，如路宽为 3m、4m 的路段，采用直埋管线方式；在道路较宽的地方，如路宽为 4m 以上的路段，采用综合管廊方式；在市政干路上应用综合管廊，在市政之路上采用直埋方式。

3. 综合管廊在历史综合管廊在历史文化保护区应用，应作细致的调查研究，统一规划，分布实施。不能破坏保护区的历史脉络和人文肌理。

工程费用比较　　(单位：万元)

类别	分项造价					总造价总造价
	管道	结构	土方	防水	附属设备	
综合管廊	280	457.9	90	59	12.1	899

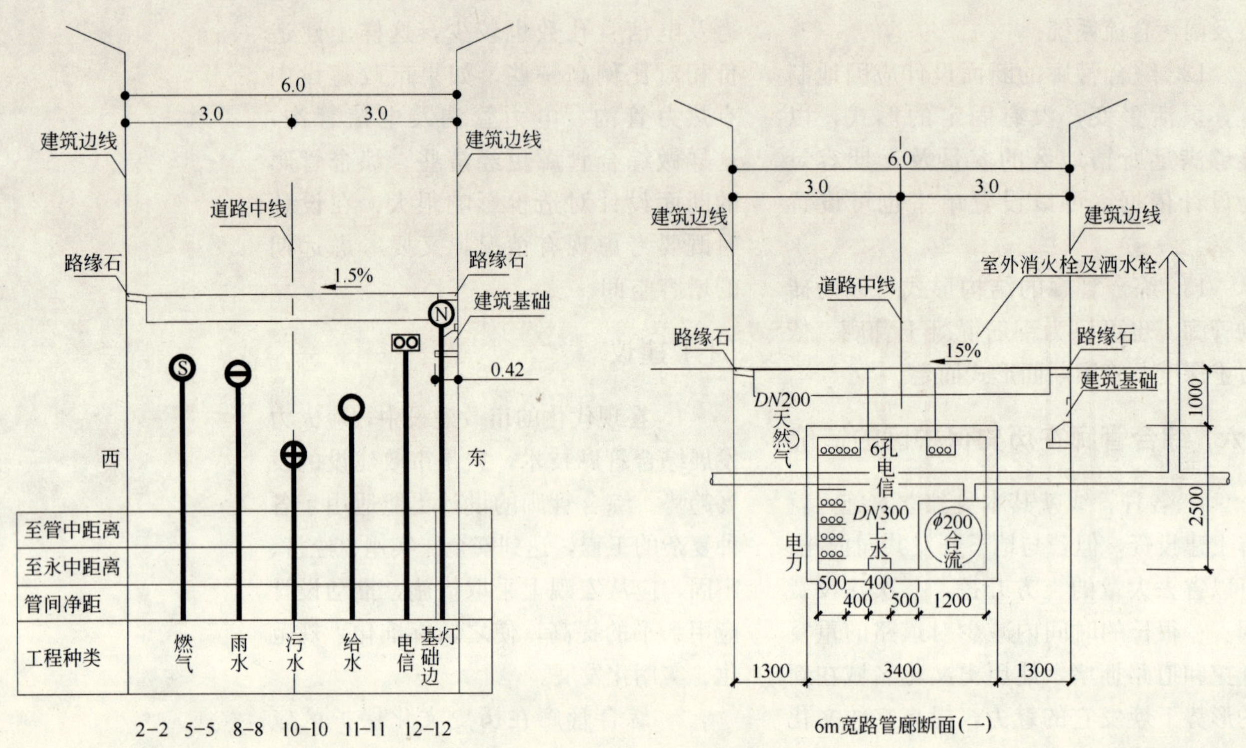

6m宽路管廊断面(一)

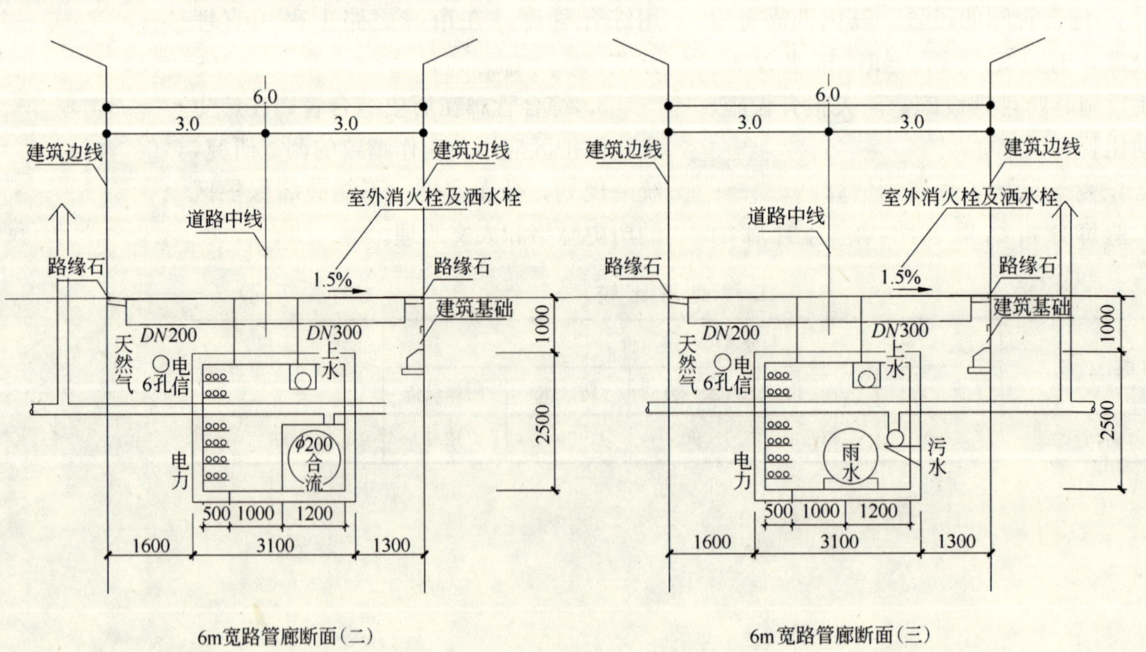

6m宽路管廊断面(二)

6m宽路管廊断面(三)

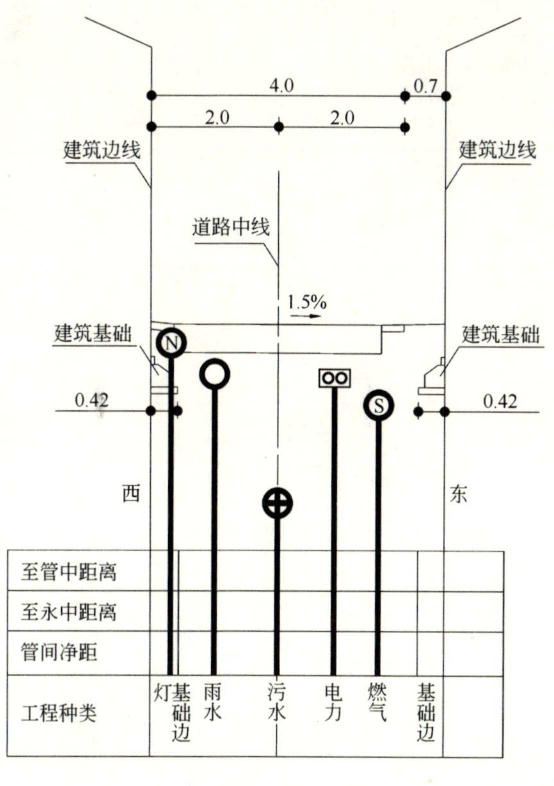

4-4　7-7　9-9　13-13

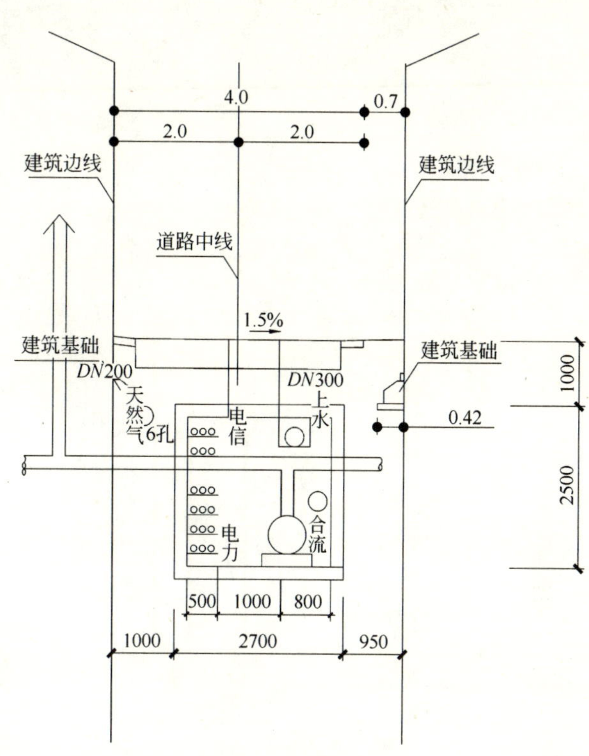

4m宽路管廊断面（一）

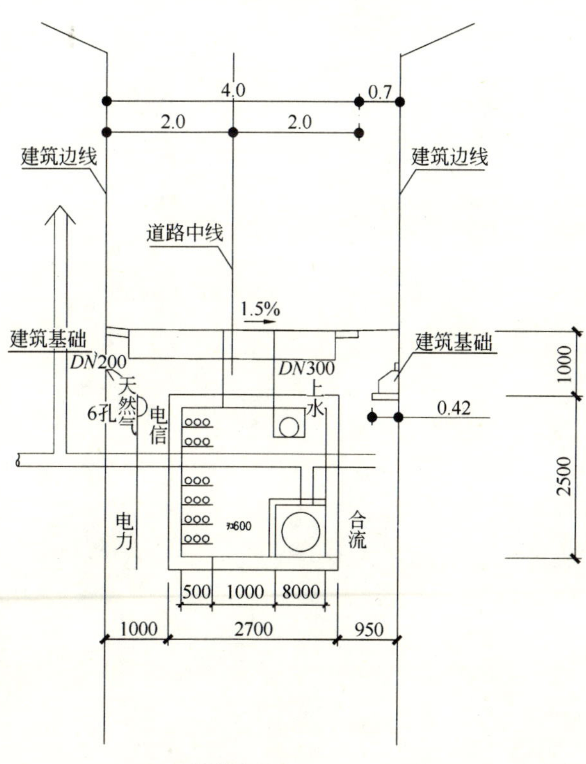

4m宽路管廊断面（二）

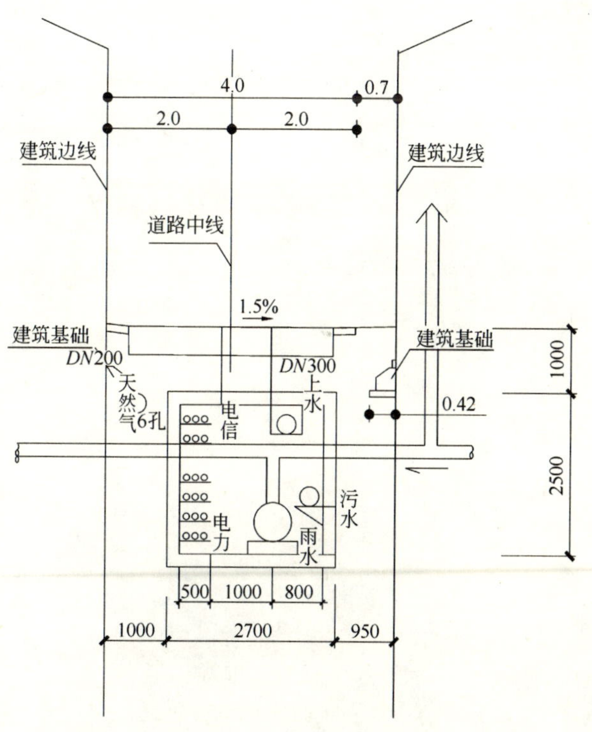

4m宽路管廊断面（三）